Pope Clement

Interesting letters of the late Pope Clement XIV

With several discourses

Pope Clement

Interesting letters of the late Pope Clement XIV
With several discourses

ISBN/EAN: 9783337102593

Printed in Europe, USA, Canada, Australia, Japan

Cover: Foto ©Lupo / pixelio.de

More available books at **www.hansebooks.com**

LETTRES
INTÉRESSANTES
DU PAPE
CLÉMENT XIV,
(GANGANELLI).

TOME SECOND.

A PARIS,

Chez LOTTIN le jeune, rue S. Jacques.
A ROUEN, chez BÉNITIER, Libraire.

M. DCC. LXXVII.
Avec Approbation & Privilege du Roi.

TABLE

DES LETTRES

Contenue dans ce second Volume.

LETTRE LXXXII à M. le prince San Severo, page 1
Lettre LXXXIII au comte Algarotti, 9
Lettre LXXXIV à M. l'abbé Papi, 12
Lettre LXXXV à un peintre, 13
Lettre LXXXVI à monsignor Aymaldi, 15
Lettre LXXXVII à M. l'abbé Nicolini, 17
Lettre LXXXVIII à M. Stuar, gentilhomme Ecossois, 19
Lettre LXXXIX au révérend pere ***, nommé confesseur du duc de ***, 24
Lettre XC au prélat Cerati, 33
Lettre XCI à un milord, 35
Lettre XCII à un médecin, 42
Lettre XCIII au même, 46
Lettre XCIV à M. l'abbé Lami, 50
Lettre XCV au comte de ***, 54
Lettre XCVI au révérend pere Luciardi, barnabite, 56
Lettre XCVII à un directeur de religieuse, 56
Lettre XCVIII à M. le comte Genori, 60
Lettre XCIX à M. C*** , avocat, 63
Lettre C à M. l'abbé L***, 65
Lettre CI au prince San Severo, 67
Lettre CII à un prélat, 70
Lettre CIII à un jeune religieux, 72
Lettre CIV au révérend pere ***, religieux de la congrégation des Somasques, 81
Lettre CV à M. l'abbé Lami, 87
Lettre CVI au même, 92
Lettre CVII à un prélat, 96

TABLE

Lettre CVIII à un religieux conventuel, 101
Lettre CIX a un ministre protestant, 104
Lettre CX au comte ***, 107
Lettre CXI au cardinal Cavalchini, 111
Lettre CXII à M. le cardinal S***, 119
Lettre CXIII à un frere convers, 125
Lettre CXIV au révérend pere gardien de *** 127
Lettre CXV au R. P. Colloz, prieur de Graffenthal, & supérieur général de l'ordre des Guillelmites, 129
Lettre CXVI à M. l'abbé F***, 131
Lettre CXVII au révérend pere **, son ami, 136
Lettre CXVIII à M. D***, 139
Lettre CXIX à milord ***, 141
Lettre CXX à M. le comte ***, 152
Lettre CXXI à un prélat, 158
Lettre CXXII au marquis Carraccioli, 160
Lettre CXXIII à l'ambassadeur de ***, 161
Lettre CXXIV à M. le marquis de ***, 168
Lettre CXXV à un religieux de son ordre, 172
Lettre CXXVI à M. le comte de ***, 175
Lettre CXXVII au même, 178
Lettre CXXVIII à un religieux de ses amis, 180
Lettre CXXIX à Monsignor ***, 181
Lettre CXXX à un seigneur Portugais, 183
Lettre CXXXI à un religieux de ses amis, 185
Lettre CXXXII au révérend pere Aimé de Lamballe, général des capucins, 187
Lettre circulaire de Clément XIV, à tous les patriarches, primats, archevêques & évêques, au sujet de son exaltation, 189
Lettre à Louis XV, roi très-chrétien, sur l'irréligion, 204
Lettre de Clément XIV à madame Louise de France, 209
Lettre à Louis XV, roi très-chrétien, touchant la prise d'habit de madame Louise, 214
IIe. *Lettre* à Louis XV, roi très-chrétien, sur le même sujet, 217
IIe. *Lettre* à madame Louise de France, 219
Bref à monseigneur Girault, archevêque de Damas, nonce auprès de sa majesté très-chrétienne, 224
Lettre au roi très-chrétien, 227

Lettre au duc de Parme, 234
Bref de Clément XIV, au révérend pere Pierre-François Boudier, alois supérieur général des bénédictins de la congrégation de S. Maur, & actuellement grand-prieur de l'abbaye royale de Saint-Denis, 236
Bref de Clément XIV au révérend pere Boddaert, prieur Général de l'ordre des Guilielmites,
Discours prononcé par CLEMENT XIV dans le consistoire secret, tenu le 24 septembre 1770, au sujet de la réconciliation du Portugal avec la cour de Rome, 241
Discours de Clément XIV dans le consistoire secret, tenu le 6 juin 1774, sur la mort de Louis XIV, 304
Bulle pour le jubilé universel de l'année 1775, 337

Fin de la table de la seconde Partie.

LETTRES INTÉRESSANTES DU PAPE CLÉMENT XIV.

LETTRE LXXXII.

A M. le Prince SAN SEVERO.

EXCELLENCE,

Les pétrifications que je vous ai fait passer, sont beaucoup au-dessous de vos remerciements. J'en connois tout le prix, ainsi que l'avantage d'entrer en relation avec un philosophe qui se plaît à étudier l'histoire de la nature, & qui n'en admire les phénomenes & les jeux, qu'avec connoissance de cause.

Les oiseaux que vous faites venir du nouveau monde pour l'empereur, feront des pieces très-curieuses ; mais je doute, que, malgré toutes les précautions, ils puissent arriver vivants jusques dans nos climats. Mille fois on a tenté de passer l'Oiseau-mouche & le Colibri ; & on a eu le désagrément de les voir expirer à quelque distance de nos ports.

La providence, en nous donnant le paon, nous a assez richement pourvus, sans aller chercher ailleurs des beautés ailés. L'Amérique en effet n'a rien de plus magnifique que nos plus superbes oiseaux ; mais on préfere ordinairement ce qui est étranger, par la seule raison qu'il vient de loin.

Vous devez, mon prince, être enchanté de l'entreprise de M. de Buffon, académicien François ; & de ses premiers tomes qui paroissent. Je ne les connois encore que pour les avoir lus très-rapidement ; mais cela me paroît admirablement vu. Je suis seulement fâché de ce que l'auteur d'une histoire naturelle se déclare pour un sistême. C'est le moyen de faire douter de plusieurs choses qu'il avance, & d'avoir des guerres à soutenir contre ceux qui ne sont pas de son avis. D'ailleurs tout

CLÉMENT XIV.

ce qui s'écarte de la Genese sur la création du monde, n'a pour appui que des paradoxes, ou tout au moins des hypotheses.

Il n'y avoit que Moïse, comme auteur inspiré, qui pût bien nous apprendre la formation du monde & son développement. Ce n'est point un Épicure qui a recours à des atômes; un Lucrece qui croit la matiere éternelle : un Spinosa qui admet un Dieu matériel : un Descartes qui balbutie sur les loix du mouvement ; mais un législateur qui annonce à tous les hommes, sans hésiter, sans craindre de se méprendre, comment le monde a été créé. Rien de plus simple & de plus sublime que son début : *Au commencement Dieu créa le ciel & la terre.* Il ne parleroit pas plus affirmativement, quand il en auroit été le spectateur ; & par ces paroles, la mythologie, les sistêmes les absurdités croulent, & ne paroissent plus que des chimeres aux yeux de la raison.

Quiconque n'entrevoit pas la vérité dans ce que rapporte Moïse, n'est pas fait pour la connoître. On s'attache tous les jours à des hypotheses qui ne sont pas même vraisemblables ; & l'on ne veut pas ajouter foi à ce qui donne la plus haute idée de la puissance & de la sagesse de Dieu.

Un monde éternel offre mille fois plus de difficultés qu'une intelligence éternelle, & un monde coéternel est une absurdité qui ne peut exister, parce que rien ne peut être aussi ancien que Dieu.

Outre qu'il est nécessaire, & que l'univers ne l'est pas, de quel droit la matiere, chose tout-à-fait contingente, chose absolument inerte, prétendroit-elle aux mêmes prérogatives qu'un esprit tout puissant, qu'un esprit entiérement immatériel ? Ce sont des extravagances qui n'ont pu naître que dans les accès d'une imagination délirante, & qui prouvent l'étonnante foiblesse de l'homme, quand il ne veut plus entendre que lui-même.

L'Histoire de la nature est un livre formé pour toutes les générations, si elles n'entrevoient pas un Dieu créateur & conservateur; car rien n'est plus sensible que son action. Le soleil, tout magnifique & tout imposant qu'il est, le soleil quoiqu'adoré par diverses nations, n'a ni intelligence ni discernement; & si son cours est tellement régulier, que jamais il ne l'interrompt d'un seul instant, c'est qu'il reçoit l'impulsion d'un agent suprême, dont il exécute les ordres avec la plus grande ponctualité.

On a beau promener les yeux dans la vaste étendue de cet univers, on le voit renfermé dans l'immensité d'un être devant qui le monde entier est comme s'il n'étoit pas. Il seroit bien singulier que le plus petit ouvrage ne pouvant exister sans un ouvrier, le monde eût le privilege de ne devoir qu'à lui-même son existence & sa beauté. La raison se creuse des précipices effroyables, quand elle n'écoute plus que les passions & les sens : & la raison sans la foi fait pitié. Toutes les académies de l'univers peuvent imaginer des sistêmes sur la création du monde ; mais après toutes leurs recherches, toutes leurs conjectures, toutes leurs combinaisons, après des multitudes de volumes, elles m'en diront beaucoup moins que Moïse n'en a dit dans une simple page, & encore elle ne me diront que des choses qui n'ont aucune vraisemblance. Et telle est la différence qui se trouve entre l'homme qui ne parle que d'après lui-même, & l'homme qui est inspiré.

L'éternel se rit au haut des cieux de tous ces sistêmes insensés qui arrangent le monde à leur gré, & qui tantôt lui donnent le hafard pour pere, & tantôt le fuppofent éternel.

On aime a fe perfuader que la matiere fe gouverne elle-même, & qu'il n'y a pas d'autre divinité, parce qu'on fait bien que la matiere eft abfolument inerte & ftupide, & qu'on n'a point à redouter fes effets : au lieu que la juftice d'un Dieu qui voit tout, qui pefe tout, eft accablante pour le pécheur.

Rien de plus beau que l'hiftoire de la nature, quand elle eft liée à celle de la religion. La nature n'eft rien fans Dieu, & elle produit tout : elle vivifie tout par l'opération de Dieu. Sans être rien de ce qui compofe l'univers, il en eft le mouvement, la feve & la vie. Otez fon action, & il n'y a plus d'activité dans les éléments, plus de végétation dans les plantes, plus de reffort dans les caufes fecondes, plus de révolutions dans les aftres. Des ténebres éternelles prennent la place de la lumiere, & l'univers devient à lui-même fon propre tombeau.

Il arriveroit au monde, fi Dieu venoit à retirer fa main, ce qui arrive à nos corps, quand il en arrête le mouvement. Ils tombent en poudre, ils s'exhalent en fumée; & l'on ne fait même pas s'ils ont exifté.

Si j'avois eu assez de connoissance pour travailler sur l'histoire de la nature, j'aurois commencé mon ouvrage par exposer les perfections immenses de son auteur, par traiter ensuite de l'homme qui est son chef-d'œuvre ; & successivement en substances, d'especes en especes, je serois descendu jusqu'à la fourmi, & j'aurois montré dans le plus petit insecte, comme dans l'ange le plus parfait, la même sagesse qui rayonne, & la même toute-puissance qui agit.

Un tableau de cette nature auroit intéressé les amateurs de la vérité ; & la religion elle-même qui en eût tracé le dessein, l'auroit rendu infiniment précieux.

Ne parlons jamais des créatures que pour nous rapprocher du créateur. Elles sont la verbération de sa lumiere indéfectible ; & ce sont-là des idées qui nous élevent & qui nous abaissent ; car l'homme n'est jamais plus petit & plus grand, que lorsqu'il se considere en Dieu. Alors il apperçoit un être infini dont il est l'image, & devant qui il n'est qu'un atôme : deux contrariétés apparentes qu'il faut concilier pour avoir une juste idée de soi-même, & pour ne pas donner dans l'excès des anges superbes, ni dans celui des incrédules qui se réduisent à la condition des bêtes.

Votre lettre, mon Prince, m'a conduit à ces réflexions, & je vous avoue en même temps que je n'ai pas une plus grande satisfaction, que lorsque je trouve l'occasion de parler de Dieu. Il est l'élément de notre cœur, & ce n'est qu'en son amour que l'ame s'épanouit.

Je sentis heureusement dès mes premieres années cette grande vérité, & je choisis le cloître en conséquence, comme une retraite, où séparé des créatures je pourrois m'entretenir plus facilement avec le créateur. Le commerce du monde est si tumultueux, qu'on n'y connoît presque pas le recueillement qui nous unit à Dieu.

Je croyois ne faire qu'une lettre, & c'est un sermon, excepté qu'au lieu de finir par *Amen*, je finirai par le respect qui vous est dû, & avec lequel j'ai l'honneur d'être, &c.

A Rome, ce 13 décembre 1754.

Au Comte ALGAROTTI.

IL y a long-temps, mon cher Comte, que nous n'avons causé ensemble, ou plutôt que je n'ai été à votre école. Un petit philosophe de Scot ne peut mieux faire que de profiter des leçons d'un savant qui a mis au jour le Newtonianisme des Dames.

Une philosophie d'attraction devoit être particuliérement la votre, par la raison que vous avez un caractere liant, aimable, qui attire tous les esprits; moi je voudrois avec tant d'avantages celui d'être moins Newtonien, & plus chrétien.

Nous n'avons été créés ni pour être les disciples d'Aristote, ni ceux de Newton. Notre ame a de plus grandes destinées, & plus elle est sublime chez vous, & plus vous devez remonter vers sa source.

Vous direz tant qu'il vous plaira, que c'est le fait d'un religieux de prêcher; & moi je vous répéterai continuellement que c'est le fait d'un philosophe

de beaucoup s'occuper d'où il vient &
où il va. Nous avons tous un premier
principe & une derniere fin ; & ce ne
peut être que Dieu qui soit l'un &
l'autre.

Votre philosophie, malgré ses raisonnements, ne roule que sur des chimeres, si vous la séparez de la religion. Le christianisme est la substance des vérités que l'homme doit chercher. Mais il aime à se nourrir d'erreurs, comme les reptiles aiment à se rassasier de la fange des marais. On va chercher bien loin ce qu'on trouveroit en soi-même, si l'on vouloit y rentrer ; ce qui fait que le grand Augustin, après avoir parcouru tous les êtres, pour voir s'ils n'étoient point son Dieu, revient à son propre cœur, & déclare que c'est là qu'il existe plus que partout ailleurs : *Et redii ad me* (1)

J'espere que vous me prêcherez quelque jour, & que chacun aura son tour : Eh ! plut à Dieu !

Au reste, soit que vous moralisiez, soit que vous badiniez, je vous écouterai toujours avec le plaisir qu'on goûte à entendre une personne qu'on

---

(1) Et je rentrai en moi-même.

chérit cordialement, & dont on est autant par inclination que par devoir, le très-humble, &c.

A Rome, ce 7 décembre 1754.

LETTRE LXXXIV.

A M. l'abbé PAPI.

VOILA donc, mon cher abbé, le savant cardinal Quirini qui vient d'aller unir sa science à celle de Dieu, & se remplir de ce torrent de lumieres que nous n'appercevons ici-bas qu'à travers des nuages. Il est mort comme il a vécu, la plume à la main, finissant une ligne, & prêt à se rendre à l'église, où fut toujours son cœur.

Le mien lui érige un monument au dedans de moi-même, aussi durable que ma vie. Il avoit des bontés pour moi; eh! pour qui n'en avoit-il pas? Sa cathédrale, son diocese, toute l'Italie, Berlin même, ont senti ses libéralités. Le roi de Prusse l'honora d'une estime singuliere, & tous les savants de l'Europe admirerent son zele & ses talents.

Il avoit un génie conciliateur. Tous les protestants l'aimoient, quoiqu'il leur dît souvent de bonnes vérités. Il est fâcheux qu'il ne nous ait pas laissé quelque ouvrage considérable, au lieu de n'écrire que des feuilles volantes. Il auroit grossi la bibliotheque bénédictine déjà si volumineuse, comme étant un des membres les plus distingués de l'ordre de St. Benoît, & il auroit enrichi l'église de ses productions.

M. de Voltaire le regrettera, si les poëtes sont susceptibles d'amitié. Ils s'écrivoient amicalement. Le génie recherche le génie. Pour moi qui n'ai que celui d'admirer les grands hommes, & de les regretter, je répands des pleurs sur le tombeau de notre illustre cardinal. *Quando inveniemus parem ?* (1)

J'ai l'honneur d'être, &c.

Au couvent des SS. apôtres, ce 13 Janvier 1775.

---

(1) Quand en trouverons-nous un pareil ?

LETTRE LXXXV.

A un Peintre.

Tant qu'il y aura, mon cher Monsieur, de l'expression dans vos tableaux, vous pourrez vous applaudir de votre ouvrage. C'est là ce qui en fait l'essence, & ce qui rend excusables bien des défauts qu'on ne passeroit pas à un peintre ordinaire.

J'ai parlé de vos talents à S. E. M. le le cardinal Portocarrero, & il vous recommandera en Espagne comme vous le desirez ; mais rien ne vous fera mieux connoître que votre propre génie : il en faut pour être peintre, comme pour être poëte. Le carache n'eût rien fait, malgré la fierté de son pinceau, s'il n'eût eu cette verve, qui donne de l'enthousiasme & du feu.

On reconnoît, dans ses tableaux, une ame qui parle, qui échauffe, qui enthousiasme. On croit devenir lui-même à force de l'admirer, & de se remplir de la vérité de ses images.

Que ce grand homme que vous avez choisi pour modele respire en vous ; &

vous le ferez ensuite revivre sur la toile. Ne fussiez-vous que son ombre, vous mériterez d'être estimé. *L'ombre d'un grand homme a quelque réalité.*

La nature doit toujours être le point de vue de tout homme qui peint ; & pour bien la rendre, il ne faut point d'efforts. On devient gigantesque parmi les peintres, comme parmi les poëtes, lorsqu'on violente l'esprit pour composer. Quand la tête est organisée pour travailler un ouvrage, on se sent entraîné par une pente irrésistible, à prendre la plume ou le pinceau, & l'on se livre à son penchant : sans cela il n'y a ni expression, ni goût.

Rome est la véritable école où l'on peut se former ; mais quelque peine qu'on se donne, on sera toujours médiocre, à moins qu'on ne soit saisi d'un génie pittoresque.

Il est temps de me taire, attendu qu'un consulteur du saint office n'est pas un peintre, & qu'on a tout à perdre, quand on parle de ce qu'on ne sait qu'imparfaitement.

Je suis, Monsieur,

LETTRE LXXXVI.

A Monsignor AYMALDI.

Vous avez sujet, Monsignor, de vous étonner de l'heureuse alliance qui va désormais unir la maison de Bourbon à celle d'Autriche : il y a des prodiges dans la politique comme dans la nature, & Benoît XIV, en apprenant cette surprenante nouvelle, eut bien raison de s'écrier : *O admirabile commercium !*

M. de Bernis s'est immortalisé par ce phénomene politique, comme ayant mieux vu les choses que le cardinal de Richelieu.

Par ce moyen, nous n'aurons plus de guerres en Europe, que lorsqu'on sera las de la paix, & que le roi de Prusse, toujours avide de gloire, ne cherchera point à conquérir. Mais je vois la Pologne à sa bienséance ; & par la raison qu'un héros aussi vaillant qu'heureux, aime toujours à s'agrandir, il la prendra quelque jour en partie, ne fût-ce que la seule ville de Dantzick. La Pologne elle-même donnera peut-être les mains à une telle révolution, en ne veillant point assez sur son propre pays, & en se livrant à mille différentes factions. L'esprit patriotique n'est plus assez fort chez les Polonois, pour qu'ils défendent leur pays, aux dépens de leur propre vie. Ils sont trop souvent hors de chez eux, pour ne pas perdre l'esprit national. Il n'y a que chez les Anglois que l'amour patriotique ne s'éteint jamais, parce qu'ils ont des principes.

L'Europe a toujours eu quelque monarque belliqueux, jaloux de s'étendre & de cueillir des lauriers ; tantôt Gustave, tantôt Sobieski, tantôt Louis-le-grand, tantôt Frédéric. Les armes beaucoup plus que les talents, ont agrandi les empires ; parce qu'on a connu qu'il n'y a rien d'aussi énergique que la loi du plus fort : c'est l'*ultima ratio regum*. (1)

Heureusement nous ne nous ressentons point ici de ces calamités. Tout y est dans la paix, & chacun en savoure délicieusement les fruits, comme je goûte éminemment le plaisir de vous assurer de toute mon estime & de tout mon attachement.

---

(1) La plus forte raison des rois.

LETTRE LXXXVII.

A M. l'abbé NICOLINI.

MONSIEUR,

J'ai été bien fâché de ne m'être pas trouvé au couvent des SS. Apôtres, lorsque vous m'avez fait la grace de venir me voir avant votre départ. J'étois, hélas! sur le bord du tibre, que les anciens Romains grossissoient comme leurs triomphes, & qui n'est qu'un fleuve ordinaire pour la longueur & pour la largeur.

C'est une promenade que j'aime singuliérement par les idées qu'elle m'inspire sur la grandeur & sur la décadence des Romains. Je me rappelle le temps où ces fiers despotes enchaînoient l'univers, & où Rome avoit alors autant de Dieux que de vices & de passions.

Je retombe ensuite dans ma cellule, où je m'occupe de Rome chrétienne, & où, quoique le dernier de la maison de Dieu, je travaille pour son utilité : mais c'est un ouvrage à la tâche, & dèslors presque toujours fastidieux ; car en fait d'étude, l'homme n'aime ordinairement que ce qu'il fait librement.

Je n'ofe vous parler de la mort de notre ami commun : c'eft rouvrir une plaie trop fenfible. J'arrivai trop tard pour recueillir fes dernieres paroles : il eft regretté comme un de ces hommes rares, qui valoit mieux que fon fiécle, & qui avoit toute la candeur des premiers âges. On dit qu'il laiffe quelques morceaux de poéfies dignes des plus grands maîtres. Il n'en avoit jamais parlé : chofe d'autant plus extraordinaire, que les poëtes ne font pas plus difcrets fur leurs écrits que fur leur mérite.

Nous avons eu ici depuis quelque temps, un effain de jeunes François; & vous devez croire que je les ai vus avec beaucoup de plaifir. Ma chambre n'étoit pas affez grande pour les contenir; car ils m'ont tous fait la grace de me venir voir; & cela, parce qu'on leur avoit dit qu'il y avoit un religieux au couvent des SS. Apôtres, qui aimoit finguliérement la France & tout ce qui en venoit. Ils parlerent tous à la fois; & c'étoit exactement un tremblement de terre qui me réjouit beaucoup.

Ils n'aiment pas trop l'Italie, parce qu'on n'y eft pas encore tout-à-fait à la françoise ; mais je les ai consolé, en les assurant qu'ils completeroient un jour cette métamorphose, & que j'étois déjà moi-même plus qu'à demi rendu.

J'ai l'honneur d'être, &c.

A Rome, ce 24 juillet 1756.

LETTRE LXXXVIII.

A M. Stuart, gentilhomme Ecossois.

Monsieur,

Si vous ne vous ressentiez pas de la mobilité des flots qui vous environnent, je vous reprocherois vivement votre inconstance ; car il n'est pas permis d'oublier un ancien ami qui vous est constamment attaché. Votre conduite me rappelle ce que j'ai pensé plusieurs fois, que les principales nations de l'Europe ressemblent aux élémens.

L'Italien, d'après cette similitude, représente le feu, qui, toujours en action, s'enflamme & pétille : l'Allemand, la terre qui, malgré sa densité, produit de bons légumes & d'excellents fruits : le François, l'air dont la subtilité ne laisse aucune trace : & l'Anglois, l'onde mobile qui change à chaque instant.

Un ministre habile enchaîne avec adresse ces éléments dans l'occasion, ou les fait lutter les uns contre les autres, selon les intérêts de son maître. C'est ce que nous avons vu plus d'une fois, quand l'Europe étoit en combustion, & qu'on s'agitoit pour des torts réciproques.

La politique humaine brouille ou réconcilie selon ses intérêts, n'ayant rien de plus à cœur, que de dominer ou de s'agrandir : la politique chrétienne au contraire, ignore l'art criminel de semer des divisions, en prévît-elle les plus grands succès. Je ne fais aucun cas d'une politique sans équité; car c'est le machiavelisme mis en action; mais j'ai l'idée la plus avantageuse d'une politique qui, tantôt tranquille, & tantôt agissante, se laisse gouverner par la prudence, médite, calcule, prévoit, & qui après avoir rappellé le passé, réfléchi sur le présent, entrevoit l'avenir, & rapproche ainsi tous les temps, pour rester dans l'inaction, ou pour agir.

Il est absolument nécessaire qu'un bon politique connoisse parfaitement l'histoire & le siécle dans lequel il vit ; qu'il sache à quel degré de force & d'esprit sont ceux qui paroissent sur la scene du monde ; afin d'intimider s'il y a de la foiblesse, de résister s'il y a du courage, d'en imposer s'il y a de la témérité.

La connoissance des hommes, beaucoup mieux que celle des livres, est la science d'un bon politique. Il importe exactement dans les affaires de connoître ceux qu'on doit mettre en action. Les uns ne sont bons que pour parler, les autres ont du courage pour agir, & tout consiste à ne pas s'y méprendre. Bien des personnes échouent, parce qu'ils placent mal leur confiance. On ne peut plus retenir un secret quand il est échappé ; & il vaudroit encore mieux commettre une faute par une trop grande réserve, que par une imprudence : *Ce qu'on ne dit pas ne s'écrit point.*

La crainte d'être trahi, rend pusillanime celui qui a fait trop légérement quelque ouverture de cœur. Il est des circonstances où il faut paroître tout dire, quoiqu'on ne dise rien, & savoir habilement faire prendre le change sans jamais trahir la vérité ; car il n'est jamais permis de l'altérer.

Ce n'est pas foiblesse de plier lorsqu'on ne peut faire autrement, c'est sagesse. Tout dépend de bien connoître les moments & les esprits, & de prévoir à coup sûr l'impression que feroit une résistance dans une telle rencontre.

L'amour propre fait souvent tort à la politique : on veut triompher d'un ennemi, lorsqu'on est poussé par le ressentiment ; & l'on s'engage dans une mauvaise affaire, sans en prévoir les suites.

On doit savoir secouer les passions, quand on veut mener les hommes, & n'opposer qu'une tête froide à ceux qui ont le plus de chaleur ; ce qui nous fait dire communément : *que la terre appartient aux flegmatiques.*

On déconcerte l'adversaire le plus impétueux, par une grande modération.

Nous aurions bien moins de querelles & bien moins de guerres dans l'univers, si l'on supputoit ce qu'il en coûte seulement pour se brouiller, & pour se battre. Il ne suffit pas d'avoir beaucoup de monde & d'argent à sa disposition ; il faut encore savoir comment on les emploiera, & penser que les hasards ne sont pas toujours entre les mains des plus forts. Nous n'avons depuis long-temps à Rome qu'une politique de temporisation, parce que nous sommes foibles, & que le cours des événements est la plus heureuse ressource pour tirer d'embarras ceux qui ne peuvent résister. Mais comme c'est aujourd'hui un secret que personne n'ignore, & qu'on connoît notre lenteur à nous déterminer, il n'y a pas de mal, & il est même à propos qu'un pape de temps en temps, non pour des prétentions contestées, mais pour des choses justes, sache tenir ferme ; sans cela, on seroit sûr d'opprimer les souverains pontifes, toutes les fois qu'on les menaceroit.

Il y a des nations qui ont malheureusement besoin de la guerre pour devenir opulentes ; d'autres pour qui elle est une ruine assurée. Et de tout cela je conclus qu'un ministre qui profite habilement de ces circonstances, est vraiment un trésor, & que, lorsqu'un souverain a eu le bonheur de le trouver, il doit le conserver, malgré toutes les cabales.

Je viens de bégayer sur un sujet que vous savez beaucoup mieux que moi ; mais une phrase en amene une autre, & insensiblement on ose parler de ce qu'on ignore.

C'est ainsi que se font les lettres : on les commence sans prévoir tout ce qu'on y dira. L'ame, quand elle vient à se replier sur elle-même, s'étonne avec raison de sa fécondité. C'est une vive image de la production d'un monde sorti du néant; car enfin notre pensée qui n'existoit pas, éclot tout-à-coup, & nous fait sentir que la création, comme le prétendent certains philosophes modernes, n'est réellement pas une chose impossible. Je vous laisse avec vous-même ; vous y êtes beaucoup mieux qu'avec moi. Adieu.

A Rome, ce 22 *août* 1756.

LETTRE LXXXIX.

Au révérend pere * * *, nommé confesseur du duc de* * * *.

Quelle charge! quel fardeau! mon très-cher ami. Est-ce pour votre perte, est-ce pour votre salut que la providence vous a pourvu d'un si redoutable emploi? Cette idée doit vous faire trembler.

Vous

Vous me demandez ce qu'il faut faire pour le remplir ; être un ange.

Tout est écueil, & tout est piege pour le confesseur d'un souverain, s'il n'a de la patience pour attendre les moments de Dieu, de la douceur pour compatir aux imperfections, de la fermeté pour contenir les passions. Il doit être plus qu'aucun autre rempli des dons de l'esprit-saint, afin de répandre tantôt la crainte, tantôt l'espérance, & toujours la lumiere. Il lui faut un zele à toute épreuve, & un esprit de justice qui lui fasse balancer les intérêts du peuple & du souverain dont il a la conduite.

Il doit d'abord s'appliquer à connoître si le prince qu'il dirige, est instruit des devoirs de la religion, & de ses obligations envers ses sujets ; car hélas! il n'est que trop ordinaire qu'un prince sorte des mains de ceux qui l'ont formé, sans avoir d'autre science que des connoissances tout-à-fait superficielles. Alors il doit obliger son pénitent à s'instruire, & à puiser dans les véritables sources, non en se chargeant la mémoire de plusieurs lectures, mais en étudiant par principes ce que la religion & la politique exigent d'un homme qui gouverne.

Partie II. B

Il y a des ouvrages excellents fur cette matiere, & vous ne devez pas l'ignorer. J'en connois un qui fut fait pour Victor-Amédée, & qui n'a d'autre défaut que d'être trop diffus, & trop exigeant.

Quand le duc fera folidement inftruit, car il ne faut pas l'endormir avec des pratiques minutieufes, vous lui recommanderez de chercher continuellement la vérité, & de l'aimer fans réferve. *La vérité doit être la boufole des fouverains.* C'eft le moyen de faire tomber tous les délateurs & tous les courtifants, eux qui ne fe foutiennent dans les cours que par la fourberie & par l'adulation, & qui mille fois plus dangereux que tous les fléaux, perdent les princes pour ce monde & pour l'autre.

Vous infifterez fans relâche fur l'indifpenfable néceffité de faire rendre à la religion le refpect qu'il lui eft dû, non en infpirant un efprit de perfécution, mais en recommandant un courage évangélique, qui épargne les perfonnes, & qui arrête les fcandales. Vous répéterez fouvent que la vie d'un fouverain, comme fa couronne, ne tient à rien, s'il permet des plaifanteries fur le culte qu'on rend à Dieu, & s'il n'arrête pas les progrès de l'irréligion.

Vous aurez soin par votre fermeté, par vos représentations, par vos prieres, & même par vos larmes, que le prince que vous avez à conduire, se distingue par de bonnes mœurs, & qu'il les fasse fleurir dans ses états, comme la tranquillité des citoyens & le bonheur des familles, qui sont le véritable germe de la population.

Vous lui représenterez souvent que ses sujets sont ses enfants; qu'il se doit à eux la nuit comme le jour, enfin à tout moment, pour les consoler & pour les secourir; qu'il ne peut mettre des impôts qu'à proportion de leurs biens & de leur industrie, afin de ne pas les jeter dans l'indigence ou dans le désespoir, & qu'il leur doit une prompte justice.

Si vous ne l'engagez pas à voir tout par lui-même, vous ne remplirez votre ministere qu'à demi. On ne rend le peuple heureux, qu'en entrant dans les détails; & il n'y a pas moyen de les connoître, si l'on ne descend jusqu'à lui.

Que ce peuple, si méprisé des grands, qui ne pensent pas que dans un état tout est peuple, excepté le souverain, vous soit toujours présent comme une portion sacrée dont le prince doit sans cesse s'occuper ; portion qui fait l'appui du trône, & qu'il faut ménager comme la prunelle de l'œil.

Faites sentir à votre illustre dirigé, que la vie d'un souverain est une vie de travail ; que les récréations ne lui sont permises, comme à tous les hommes, qu'à titre de délassement ; & apprenez-lui qu'il doit interrompre ses lectures chrétiennes, ses prieres mêmes, s'il s'agit de venir au secours de l'état.

Vous lui parlerez du compte terrible qu'il rendra à Dieu de son administration, & non du jugement que l'histoire prononce sur les mauvais princes, après leur mort. Ce n'est pas un motif assez chrétien pour fixer sur cet objet les yeux d'un prince religieux ; car l'histoire n'est que le cri des hommes, & elle périra avec eux ; au lieu que Dieu, toujours vivant, toujours vengeur des crimes, est ce qui doit régler la conduite d'un souverain. Il importe peu à la plupart des personnes, si l'on parle d'elles en bien ou en mal, après leur mort ; mais la vue d'un juge inflexible, éternel, fait la plus terrible impression sur l'esprit.

Vous ne donnerez point de ces pénitences vagues, qui ne consistent que dans de simples prieres ; mais vous appliquerez un remede propre à guérir les plaies qu'on vous montrera ; & sur-tout vous tâcherez de découvrir quel est le défaut dominant. Sans cela on confesseroit tout un siécle, qu'on ne connoîtroit pas son pénitent. C'est toujours à la source du mal qu'il faut aller, si l'on veut en arrêter le cours.

Vous aurez grand soin de vous renfermer dans les bornes de votre ministere, & de ne vous mêler, je ne dis pas d'aucune intrigue, mais d'aucune affaire de cour. C'est une chose indigne de voir un religieux qui ne doit paroître que pour représenter Jesus-Christ, déshonorer cet auguste fonction par un sordide intérêt & par une horrible ambition.

Tout votre desir, toutes vos vues ne doivent avoir pour objet que le salut du prince qui vous donne sa confiance. Etonnez-le par une vertu à toute épreuve, & toujours également soutenue. Si un confesseur ne se rend pas respectable, & sur-tout dans une cour, où l'on ne cherche que des prétextes pour n'être pas chrétien, il autorise les vices, & il se met dans le cas d'être méprisé.

Inculquez bien dans l'esprit du

prince, qu'il répond devant Dieu de toutes les places qu'il donne, & de tout le mal qui s'y fait, s'il n'a pas bien choisi ceux qui doivent les remplir. Repréfentez-lui fur-tout le danger de nommer aux dignités eccléfiaftiques des ignorants ou des vicieux, & de nourrir leur molleffe & leur cupidité, en leur donnant plufieurs bénéfices. Perfuadez-lui de chercher le mérite, & de récompenfer ceux qui écrivent pour l'utilité publique & pour la religion. Apprenez-lui à foutenir fa dignité, non par le fafte, mais par une magnificence proportionnée à l'étendue de fes etats, de fes forces, de fes revenus ; & à defcendre en même temps de fon rang, pour s'humanifer avec fon peuple, & pour s'appliquer à fon bonheur.

Remettez-lui fouvent fes devoirs devant les yeux, non d'un ton févere, non avec importunité, mais avec cette charité qui, étant l'effufion de l'efprit-faint, ne parle jamais qu'avec prudence, faifit à propos les moments, & en profite. Quand un prince eft convaincu de la fcience & de la piété d'un confeffeur, il l'écoute avec docilité, à moins qu'il n'ait le cœur corrompu.

Si l'on ne s'accufe pas des fautes effentielles qui fe commettent dans l'administration, vous en parlerez en général, & vous viendrez insensiblement au point de faire avouer ce qu'il vous importe de connoître. Vous insisterez souvent sur la nécessité d'écouter tout le monde, & de faire rendre une prompte justice. Si vous ne vous sentez pas disposé à suivre ce plan, retirez-vous ; car ce sont-là des préceptes qu'on ne peut transgresser, sans se rendre très-coupable devant les hommes & devant Dieu.

La fonction d'un directeur ordinaire n'attire pas l'attention du public ; mais tout le monde a les yeux ouverts sur la conduite que tient le confesseur d'un souverain. Aussi ne peut-il être trop exact dans le tribunal de la pénitence, pour qu'on ne voie pas approcher des sacrements celui qui, par des actions scandaleuses, s'en rendroit indigne au jugement du public. Il n'y a pas deux évangiles, l'un pour les peuples, & l'autre pour les souverains. Les uns & les autres seront également jugés sur cette regle inaltérable, parce que la loi du Seigneur demeure éternellement.

Les princes ne sont pas seulement les images de Dieu par leur pouvoir &

leur autorité qu'ils ne tiennent que de lui feul, ils le font encore, à raifon des vertus qu'ils doivent avoir pour le repréfenter. Il faut qu'un peuple puiffe dire de fon fouverain : il nous gouverne comme la divinité même, avec fageffe, avec clémence, avec équité ; car les fouverains font comptables de leur conduite envers leurs fujets, non pour leur dévoiler le fecret de leur cabinet, mais pour ne rien faire qui puiffe les mélédifier.

Prenez garde fur-tout, ou par foibleffe, ou par refpect humain, d'altérer la vérité. On ne capitule point avec la loi de Dieu ; elle a la même force dans tous les temps, & l'efprit de l'églife eft toujours le même. Elle loue aujourd'hui le zele du grand Ambroife à l'égard de l'empereur Théodofe, comme elle le loua autrefois ; car elle ne varie ni fur fa morale ni fur fes dogmes.

Je prie Dieu de tout mon cœur qu'il vous foutienne, & qu'il vous éclaire dans une carriere auffi pénible, où vous ne devez pas être un homme ordinaire, mais un guide célefte. Alors vous vivrez en folitaire au milieu du grand monde ; en religieux dans un féjour où il y a ordinairement peu de religion ; en faint fur un terrein qui dévoreroit les hommes de Dieu, fi le Seigneur n'avoit par-tout fes élus. Je vous embraffe, & je fuis, &c.

A Rome, ce 26 août 1755.

LETTRE XC.

Au prélat CERATI.

MONSIGNOR,

Enfin le chapitre des dominicains auquel le faint pere a folemnellement préfidé, vient de finir, & le R. P. Boxadors, auffi diftingué par fon mérite que par fa naiffance, a été élu fupérieur général. Il gouvernera avec beaucoup de fageffe & d'honnêteté, en homme éclairé qui connoît les hommes, & qui fait qu'ils ne font pas faits pour être impérieufement conduits.

Benôit XIV, qui a ouvert la féance par le difcours le plus éloquent & le plus flatteur pour l'ordre de S. Dominique, où il y eut toujours de grandes lumieres & de grandes vertus, defiroit pour général le R. P. Richini, le religieux le plus modeste & le plus savant ; mais malgré sa préfence & tous ses defirs, il n'a pu réuffir.

Le pape a bien pris la chofe ; & comme il s'en alloit tout en riant, il a dit que Ste. Thérefe ayant demandé à notre Seigneur, pourquoi un carme, qu'il lui avoit révélé devoir être général, ne l'étoit pas, il lui avoit répondu : *Je le voulois bien ; mais les moines ne l'ont pas voulu.* Il n'eft donc pas étonnant, a ajouté le faint pere, que la volonté de fon vicaire n'ait pas eu fon effet.

Tout le monde fait qu'on ne réfifte que trop fouvent au faint-efprit, & que l'homme empêche tous les jours l'opération de Dieu par fa mauvaife volonté.

Le P. Brémond eft peu regretté, quoiqu'il fût très-affable & très-vertueux. On lui reproche dans fon ordre, d'avoir eu une condefcendance aveugle pour un frere qui le menoit, & dont je me défiai toujours, parce qu'il me paroiffoit patelin. Il eft rare que les hommes de ce caractere ne foient pas faux. Le langage doucereux eft rarement celui de la fincérité.

Je plains le pauvre P. Brémond, sans oser le blâmer. Quel est l'homme en place qu'on n'ait pas trompé ?

On est assez communément injuste à l'égard des grands, & sur-tout lorsqu'on n'est pas grand soi-même. On ne fait pas attention qu'ils ont des affaires & des embarras qui les excusent en partie, quand ils ne voient pas tout par eux-mêmes. Heureux celui qui n'apperçoit les grandeurs que dans le lointain, comme une montagne qu'on ne voudroit pas gravir !

J'ai l'honneur d'être, &c.

A Rome, ce 19 avril 1756.

LETTRE XCI.

A un milord.

JE ne conçois pas, milord, qu'instruit, comme vous l'êtes, des imperfections de l'humanité, de la variété des opinions, de la bisarrerie des goûts, de la force de la coutume, vous soyez aussi étonné de la forme de notre gouvernement. Je ne prétends pas le jus-

tifier, d'autant plus qu'il ne favorise,
ni le commerce, ni l'agriculture, ni la
population ; c'est-à-dire, ce qui fait
précisément l'essence de la félicité publique ; mais pensez-vous qu'il n'y a
pas des inconvénients dans les autres
pays?

Nous sommes sous un gouvernement
apathique, il est vrai, qui n'excite ni
l'émulation, ni l'industrie ; mais je vous
vois, vous M. l'Anglois, sous le joug
d'un peuple qui vous entraîne comme
il veut, & qui, par son impétuosité
qu'on ne peut contenir, est exactement
souverain ; & je vois les autres peuples,
tels que les Polonois sous l'anarchie,
tels que les Russes sous le despotisme ;
sans parler des Turcs, qui n'osent rien
dire, dans la crainte d'un Sultan, qui
peut tout ce qu'il veut.

On s'imagine communément, & je
ne sais pourquoi, que le gouvernement
ecclésiastique est un sceptre de fer ; &
quiconque a lu l'histoire, ne peut ignorer que la religion chrétienne a précisément aboli l'esclavage ; que dans les
pays où il regne malheureusement encore, comme dans la Pologne, dans la
Hongrie, les paysans qui sont sous la
domination des évêques, ne sont point
serfs ; & qu'enfin il n'y a rien de plus

doux que l'empire des papes. Outre qu'ils n'ont prefque jamais la guerre, étant néceffairement princes de la paix, ils ne vexent perfonne, ni pour les impôts, ni pour la maniere de penfer.

Ce font certaines inquifitions qui ont fait donner aux prêtres le furnom de perfécuteurs. Mais outre que les monarques qui les autoriferent furent auffi coupables que ceux qui en furent les inftigateurs, on ne vit jamais Rome fe livrer au barbare plaifir de faire brûler des citoyens, parce qu'ils n'avoient pas la foi, ou parce qu'ils s'échappoient en mauvais propos. Jefus-Chrift expirant fur la croix, loin d'exterminer ceux qui blafphement contre lui, follicite leur pardon auprès de fon pere : *Pater, ignofce illis.* (1)

Ce qu'il y a de fûr, c'eft que fi certains miniftres de Dieu ont quelquefois refpiré le carnage & le fang, ils ne l'ont fait que par un abus énorme de la religion qui, n'étant que charité, ne prêche que la manfuétude & la paix.

J'ai beau parcourir tous les pays du monde, je vois qu'au milieu de notre indigence & de notre apathie, nous

---

(1) Mon pere pardonnez leur.

sommes encore ceux qui vivons le plus heureusement. Cela vient, il est vrai, de la bonté du sol & du climat qui nous fournissent abondamment les choses nécessaires à la vie.

Si notre gouvernement avoit plus d'activité, il y auroit sûrement plus de ressort & de circulation dans l'état ecclésiastique. Mais qui nous a dit que le gouvernement pour lors ne deviendroit pas despotique ? La nonchalance des papes, ordinairement trop vieux pour entreprendre & pour exécuter, fait tout à la fois & notre malheur & notre félicité.

Ils laissent les campagnes produire d'elles-mêmes, sans s'occuper ni de leur culture, ni de leur amélioration ; mais ils n'écrasent personne sous le poids des impôts ; & chacun est sûr de rester en paix chez soi, sans éprouver la moindre vexation.

Les pays riches sont taxés à proportion de leurs richesses ; & je ne sais, en vérité, lequel vaut mieux d'habiter un pays florissant, à raison de son industrie, & d'avoir des droits exhorbitants à payer, qui laissent tout au plus le moyen de subsister ; ou de vivre dans un lieu sans circulation, mais dans une heureuse aisance. Il me semble que chaque individu séparément, aime mieux moins gagner & ne rien payer, que de gagner beaucoup, & de donner presque tout. Je préfere de n'avoir que vingt-cinq sequins à moi, au bonheur d'en posséder cent, sur lesquels il m'en faudra donner quatre-vingt-dix.

On est souvent entraîné par un avantage spécieux, dans ce qu'on débite sur les gouvernements. La totalité du monde entier exige sans doute qu'on travaille, qu'on se remue, & qu'on se donne la main d'une extrémité de la terre à l'autre, pour entretenir des correspondances, & pour maintenir un juste équilibre, ou du moins une heureuse harmonie ; mais cela n'empêche pas qu'il ne puisse y avoir un petit coin de l'univers qui, sans prendre part à toutes les entreprises & à toutes les révolutions, ne puisse être heureux ; & nous sommes ce petit retranchement, où la discorde ne vient point faire siffler ses serpents & où la tyrannie n'exerce point ses cruautés.

L'esprit des hommes est remuant, par la raison qu'il s'agite sans cesse : il aime à voir des pays toujours en mouvement. Aussi des conquérants qui ravagent les royaumes, qui saccagent, qui tuent, qui envahissent, lui plaisent beaucoup plus que des êtres qui, fixés au même endroit, menent une vie toujours uniforme, & ne se donnent point en spectacle par des révolutions.

Cependant la vie, célébrée par les philosophes & par les poëtes, n'est point la vie tumultueuse. Ils bannissent du cœur de l'homme, pour le rendre heureux, la cupidité, ainsi que l'ambition ; & en cela ils s'accordent avec les vrais chrétiens, qui ne prêchent que le désintéressement & l'humilité.

Je vous assure que j'ai souvent apprécié tous les gouvernements, & que je serois très-embarrassé pour vous dire quel est le meilleur. Il n'y en a point qui n'ait des inconvénients ; & cela doit d'autant moins surprendre, que l'univers lui-même, quoique gouverné par une sagesse infinie, est sujet au plus étranges révolutions. Tantôt on y est écrasé par des tonnerres, tantôt affligé par des calamités, & presque toujours vexé, ou par le choc des éléments, ou par l'importunité des insectes. Il n'y a que la céleste patrie, où tout sera parfait, & où l'on ne trouvera ni maux, ni écueils.

Un peu moins d'enthousiasme pour votre pays, monsieur, vous feroit convenir qu'il y a des abus comme ailleurs.

Mais comment exiger d'un Anglois qu'il ne foit pas enthoufiafte de fa patrie ! Vous me direz qu'on refpecte chez vous finguliérement la propriété des citoyens, & leur liberté ; & je vous répondrai que ces deux prérogatives, qui conftituent effentiellement le bonheur, & auxquelles on ne devroit jamais toucher, font intactes fous la domination des papes. On y laiffe chacun jouir en paix de tout fon bien, aller & venir comme bon lui femble, fans jamais l'inquiéter. Les coups d'autorité font inconnus dans l'état eccléfiaftique ; & l'on peut dire que les fupérieurs y ont beaucoup plus l'air de prier que de commander. Ne me croyez pas, d'après ces obfervations, l'apologifte d'un gouvernement qui a autant de défectuofités que le notre ; je les connois auffi bien que vous : mais penfez qu'il n'y a point d'adminiftration dans le monde entier dont on ne puiffe dire & du bien & du mal. Que le républicain aime les républiques, que le fujet d'un monarque aime les monarchies ; & alors, tout eft à fa place. Pour moi, je me mets à la mienne, quand je vous affure du refpect, &c.

A Rome, ce 7 feptembre 1756.

A un médecin.

JE suis désolé, mon cher ami, de ce que vos affaires domestiques sont toujours en mauvais état, & de ce que votre femme, par une dépense excessive, travaille continuellement à les détériorer. Il n'y a que la patience & la douceur qui pourront la toucher. Gagnez sa confiance, & vous obtiendrez ensuite tout ce qu'il vous plaira.

On ne doit jamais molester une épouse, quelques torts qu'elle puisse avoir; mais on prend des moyens capables d'ouvrir ses yeux. On lui parle raison; on paroît même entrer dans ses vues, pour n'avoir pas l'air de la contredire; & insensiblement par d'honnêtes représentations, par de bons procédés, par des raisonnements sensibles, par des effusions de cœur, on fait goûter la morale qu'on prêche; mais il ne faut prendre ni l'air pédantesque, ni le ton moraliseur.

Sur-tout ne vous plaignez jamais de votre femme devant vos enfants & encore moins devant vos domestiques. Ils prendroient l'habitude de ne plus la respecter, & peut-être même de la mépriser.

Les femmes méritent des égards, d'autant plus que c'est presque toujours l'humeur des maris, ou des chagrins domestiques qui les rendent acariâtres. Leur complexion foible exige des ménagements, ainsi que leur position, qui ne leur permet pas de se dissiper aussi facilement que nous, dont la vie se trouve partagée par les affaires, les études, & les emplois. Tandis que l'époux sort pour ses intérêts ou pour ses plaisirs, la femme reste concentrée dans sa maison, nécessairement occupée de détails minutieux, & conséquemment fastidieux. Les femmes qui aiment à lire ont une ressource; mais on ne peut pas toujours s'appliquer; d'ailleurs, toute femme qui lit beaucoup est ordinairement vaine.

Je vous conseillerois de recommander aux créanciers de venir souvent persécuter madame, quand elle leur doit. Elle se lassera bientôt de ces visites; & vous en prendrez occasion de lui exposer que le plus grand malheur est de devoir, quand on ne peut payer. Vous l'intéresserez en lui parlant de ses enfants qui ont befoin que vous leur amaffiez du bien. Elle les aime tendrement ; & ce motif fera la meilleure leçon qu'on puiffe lui donner.

J'ai autrefois connu à Pefaro un ancien officier qui avoit beaucoup à fouffrir des emportements de fon époufe. Lorfqu'elle entroit en fureur, il reftoit immobile, ne parloit point ; & cette filencieufe attitude calmoit bientôt fa colere. On défarme le courroux par la douceur.

Que je me fais bon gré, mon cher docteur, d'avoir époufé ma cellule ! C'eft une bonne compagne qui ne me dit mot, qui ne met point ma patience à bout, & que je trouve toujours la même, à quelque heure que je rentre; toujours tranquille, toujours prête à me recevoir.. Les peines des religieux font des riens, comparées à celle des gens du monde ; mais il faut que chacun prenne fon mal en patience ; & faffe réflexion que cette vie n'eft pas éternelle. Saint Jérôme difoit qu'il ne confeilloit le mariage qu'à ceux qui avoient peur pendant la nuit, afin d'avoir une compagne qui pût les raffurer, & que, comme il n'étoit pas timide, il n'avoit jamais voulu fe marier. Je fuis charmé de ce que votre ainé a une sagacité peu commune. Il faut tourmenter l'esprit de votre cadet, puisqu'il est plus enveloppé, afin qu'il se produise. Le talent d'un pere est de savoir se multiplier, & de paroître à ses enfants sous diverses formes; à l'un comme un maître, à l'autre comme un ami.

La confiance qu'ont en vous les premiers de la ville, leur fait honneur. Ils auront reconnu par de fréquentes guérisons, que les reproches faits aux médecins ne sont pas toujours fondés. La mode est de s'égayer à leurs dépens; & pour moi, je suis très-convaincu qu'il y a plus de savoir parmi eux, que dans presque tous les corps ; & que leur science n'est pas si conjecturale qu'on le pense communément ; mais l'homme ingénieux à se faire illusion, dit que c'est toujours le médecin qui tue, & jamais la mort. D'ailleurs quel est le savant qui ne se trompe pas? Nous ne voyons dans les livres, tant de sophismes & tant de paradoxes, que parce qu'on n'est pas infaillible, quoiqu'on sache beaucoup.

Ce que je vous dis, mon cher docteur, est d'autant plus généreux de ma part, que je jouis de la plus forte santé, & que je n'ai besoin d'aucun médecin.

je prends chaque matin mon chocolat ; je mene une vie très-frugale : je fais beaucoup ufage du tabac, je me promene fréquemment, & avec ce régime on vit un fiécle ; mais ce n'eft pas une longue vie que j'ambitionne.

Aimez-moi toujours comme votre meilleur ami, comme celui de votre famille, & comme la perfonne qui defire le plus fincérement de vous favoir heureux.

Mes compliments à votre chere époufe, que je voudrois voir pour les dépenfes, auffi raifonnable que vous ; mais cela viendra. Le bonheur de cette vie confifte à toujours efpérer.

A Rome, ce 30 feptembre 1756.

LETTRE XCIII.

Au même.

Vous verrez, mon ami, par les mémoires ci-joints de vos collegues, qui fe déchirent à belles dents, que l'étude ne nous exempte pas des foibleffes attachées à l'humanité.

Cependant les favants devroient donner l'exemple de la modération, & laisser les querelles & les jalousies au bas peuple, comme son élément. Chaque siécle a produit des combats littéraires bien humiliants pour la raison & pour l'esprit. Le mérite de l'un n'est pas le mérite de l'autre ; & je ne vois pas pourquoi l'envie s'acharne à décrier ceux qui ont de la réputation. J'aimerois mieux n'avoir lu de ma vie, que de concevoir la moindre haine contre un écrivain : s'il écrit bien, je l'admire ; s'il écrit mal, je l'excuse, m'imaginant qu'il a fait de son mieux.

Plus il y a de petits esprits qui se mettent sur les rangs pour écrire, & plus ils se détestent & se déchirent. Les hommes de génie ressemblent aux dogues, qui méprisent les insultes des petits chiens. On ne répond pas aux critiques, lorsqu'on est vraiment grand. L'art de se taire est la meilleure maniere de répondre aux satyres.

La littérature est plus sujette aux escarmouches que les sciences, parce qu'elle n'applique pas de même. Les savants s'absorbent dans l'étude, & n'ont point d'oreilles pour entendre les rumeurs & les murmures de la jalousie ; tandis que les littérateurs comme les troupes légeres, se répandent de toutes parts, & font toujours aux aguets pour tout favoir.

De là vient que les François s'efcriment affez fouvent dans leurs écrits, de la maniere la plus odieufe, parce qu'ils ont ordinairement beaucoup plus de littérateurs que de favants. Leur efprit agréable & léger, les entraîne plutôt du côté des lettres, que du côté des fciences. Ils craignent d'engager leur liberté, & de contraindre trop leur gaieté, en fe livrant à des recherches & à des calculs. Un favant eft prefque toujours l'homme de la poftérité, & le littérateur eft celui de fon fiécle; & comme on fe dépêche d'avoir de la réputation, parce que l'amour propre veut jouir fur le champ, on préfere à une gloire durable, un éclat éphémere.

Je fuis ravi de ce que votre époufe a été fenfible à vos remontrances, elle finira peut-être par devenir avare; mais prenez-y garde, car elle vous feroit mourir de faim; & un médecin ne doit connoître la diete que pour ceux qu'il traite.

Je n'ai guere le temps de lire l'ouvrage que vous m'indiquez; cependant vous me parlez fi magnifiquement de fa latinité, que je tâcherai de le parcourir. Il y a des livres que j'effleure
dans

dans un clin d'œil ; d'autres que j'approfondis de maniere à ne rien perdre ; cela dépend des sujets qu'ils traitent, & de la façon dont il les exposent.

J'aime un ouvrage, dont les chapitres, comme autant d'avenues, me conduisent agréablement à quelque perspective intéressante. Quand je vois des routes, mal alignées, un terrain embarrassé, je me rebute dès le commencement ; & je ne vais pas plus loin, à moins que l'importance des choses ne me fasse oublier la maniere dont elles sont présentées.

Je vous quitte pour aller voir un milord qui pense fortement & qui s'exprime de même. Il ne peut comprendre que Rome puisse canoniser des hommes qui ont saintement vécu ; comme si l'on ne jugeoit pas des personnes par leur vie, & comme si Dieu n'avoit pas promis le royaume des cieux, à ceux qui accompliront fidellement sa loi.

Je crois cependant que l'excellent ouvrage du saint pere *de la canonisation des Saints*, lui dessillera les yeux : il goûte infiniment ce pontife, & il a une haute idée de ses écrits. Adieu.

Au couvent des SS. apôtres, ce 5 novembre 1756.

A M. l'abbé LAMI.

JE souhaite, mon cher abbé, pour l'honneur de votre pays & pour l'Italie, que l'histoire de la Toscane qu'on se dispose à nous donner, réponde parfaitement à son titre.

Quelle belle matiere à traiter, si l'écrivain, aussi judicieux que délicat, fait sortir les arts de ce pays, où ils avoient été enfouis pendant plusieurs siécles ; & s'il peint vigoureusement les Médicis, à qui nous devons cet inestimable avantage !

L'histoire rapproche tous les siécles & tous les hommes dans un point de vue, pour en faire une perspective qui fixe agréablement les yeux. Elle donne de la couleur aux pensées, de l'ame aux actions, de la vie aux morts ; & elle les fait reparoître sur la scene du monde, comme s'ils étoient encore vivants, avec cette différence que ce n'est plus pour les flatter, mais pour les juger.

On écrivoit mal l'histoire autrefois,

& nos auteurs Italiens ne l'écrivent pas encore trop bien aujourd'hui. On n'entaſſe que des époques & des dates, ſans faire connoître le génie de chaque nation & de chaque héros.

La plupart des hommes ne conſiderent l'hiſtoire que comme une belle tapiſſerie de Flandres, à laquelle ils donnent un coup d'œil. Ils ſe contentent de voir des perſonnages éclatants par la vivacité des couleurs, ſans penſer à la tête qui en ébaucha le deſſein, non plus qu'à la main qui l'exécuta. Et voilà comme on croit tout voir, & qu'on ne voit rien.

Je défie qu'on puiſſe profiter de l'hiſtoire, quand on ne s'attache qu'à voir paſſer en revue des princes, des batailles, des exploits ; mais je ne connois pas un meilleur livre pour inſtruire, quand on conſidere la marche des événements & qu'on obſerve comment ils furent amenés ; quand on analyſe les talents & les intentions de ceux qui faiſoient tout mouvoir ; quand on ſe tranſporte dans les ſiécles, & dans les régions où les choſes mémorables ſe ſont paſſées.

La lecture de l'hiſtoire eſt un ſujet inépuiſable de réflexions. Il faut peſer ſur chaque fait, non en homme minu-

donneriez toute la vie dont il est susceptible. Adieu. On vient m'assiéger, & je ne veux pas me laisser bloquer, d'autant mieux que ce sont des visites de bienséance, & qu'il faut savoir être décent.

A Rome, ce 8 novembre 1756.

LETTRE XCV.

*Au Comte de ***.*

JE ne puis vous rendre toute ma joie, mon cher comte, quand je pense que vous marchez maintenant d'un pas ferme dans le chemin de la vertu, & que vous êtes assez maître de vous-même pour tenir dans l'ordre vos sens, vos passions & votre cœur.

Oui, nous ferons ensemble le petit voyage que nous avons projetté. Votre société fait mes délices, depuis que vous êtes un homme nouveau.

Je vous présenterai volontiers au saint pere, quand vous viendrez ici ; & je vous proteste qu'il sera charmé de vous voir, sur-tout, lorsqu'il apprendra que vous aimez singuliérement les bons livres. Vous le trouverez auſſi gai que s'il n'avoit que vingt-cinq ans.

La gaieté eſt le beaume de la vie, & ce qui me fait croire que votre piété ſe ſoutiendra, c'eſt que vous êtes toujours d'une humeur enjouée. On ſe laſſe inſenſiblement de la vertu, lorſqu'on ſe laſſe de ſoi-même. Alors tout devient à charge; & l'on finit par donner dans la plus triſte miſanthropie, ou dans la plus grande diſſipation. J'approuve beaucoup les exercices du corps auxquels vous vous livrez. Ils allégent l'eſprit, & le rendent propre à tout: j'en fais uſage, autant que l'état lugubre d'un religieux me le permet.

Quand vous viendrez me voir, je vous dirai tout ce que l'irréconciliable marquiſe allegue pour ſe juſtifier de ce qu'elle ne vous voit pas. Je penſai toujours que ſa ſinguliere dévotion ne lui permettoit pas de faire une ſi bonne action. Elle veut ſoutenir ſa démarche par vanité. Vous ne pouvez vous imaginer tout ce qu'il en coûte à certaines dévotes, pour avouer qu'elles ont tort.

Quand à vous, reſtez-en là. Vous lui avez écrit, vous lui avez parlé ; & certainement c'eſt bien aſſez, d'autant plus que S. Paul nous dit qu'il faut avoir la paix avec tout le monde, ſi faire se peut, *si fieri potest*. Il savoit qu'il y a des personnes insociables, avec qui il est impossible de vivre cordialement. Je vous embrasse de toute mon ame, &c.

LETTRE XCVI.

Au R. P. LUCIARDI, Barnabite.

M. R. P.

Votre décision est conforme à celle des conciles; & je serois bien étonné que cela fut autrement, d'autant plus que depuis long-temps, je connois l'étendue de vos lumieres, & la justesse de vos réponses.

Outre les excellents livres dont vous faites réguliérement votre compagnie, vous avez toujours celle du révérend pere Gerdil, dont le savoir, autant que la modestie, méritent les plus grands éloges.

Ménagez votre santé pour le bien de la religion, & pour nos propres intérêts.

La ville (de Turin) que vous habitez, connoît sûrement tout le prix de vous posséder ; car c'est un lieu où le mérite est estimé & chéri.

Je me ferois scrupule de vous arracher plus long-temps à vos lectures & à vos exercices de piété. Ainsi je finis sans cérémonie, en vous assurant qu'on ne peut être plus cordialement, &c.

A Rome, ce 3 décembre 1756.

LETTRE XCVII.

A un directeur de religieuses.

JE ne vous féliciterai point sur votre emploi ; mais je vous engagerai à vous en acquiter avec toute la prudence & toute la charité possible.

Si vous m'en croyez ; premièrement vous n'irez que très-rarement au parloir : c'est le lieu des paroles inutiles, des petites médisances, des rapports, & une occasion sûre d'exciter des jalousies ; car si vous voyez plus souvent l'une que l'autre, on viendra secrétement vous écouter par un esprit de curiosité ; & vous ferez naître des cabales, des partis ; & le moindre mot que vous aurez dit, aura mille commentaires.

Secondement, vous ne guérirez les vains fcrupules, dont on vous entretiendra fréquemment ; qu'en fachant les méprifer, & qu'en les écoutant tout au plus deux fois.

Troifiémement, vous accoutumerez les religieufes à ne jamais vous parler au confeſſionnal que de ce qui les regarde. Sans cela, elles vous feront la confeſſion de leurs voifines ; & en n'en confeffant qu'une feule, vous apprendriez infenfiblement toutes les fautes de la communauté.

Quatriémement, vous travaillerez fans relâche à maintenir la paix dans tous les cœurs, répétant fans ceffe que Jefus-Chrift ne fe trouve qu'au fein de la paix.

Vous ferez fouvent réflexion que s'il y a une concupifcence des yeux chez tous les hommes, comme nous l'apprend S. Jean, il y en a une de langue & d'oreille pour bien des religieufes ; aurez-vous l'art de la guérir ? S'il n'eft pas à propos de prefcrire un filence qui étoufferoit, eft-il au moins néceffaire d'interdire ces entretiens malins, où l'on s'amufe aux dépens du prochain.

Ayez égard à la foibleffe d'un fexe

qui exige de la condescendance dans la manière de le gouverner. Il faut de l'indulgence pour de pauvres recluses, chez qui l'imagination travaille, afin de ne pas aggraver leur joug déjà assez pesant par le poids d'une éternelle solitude.

Notre saint pere a connu leurs besoins, en leur permettant de sortir une fois dans l'année pour se visiter mutuellement. Tout ce qui se fait par un principe de charité, mérite d'être loué.

Il y aura des occasions où il faudra vous armer de fermeté : sans cela, vous ne serez pas directeur, mais dirigé. C'est une friandise pour bien des religieuses de conduire celui qui a soin de leur conscience. Elles font cela tout pieusement, sans paroître s'en occuper.

Si vous négligez ces avis, vous vous en repentirez ; &, si vous faites encore mieux, vous ne paroîtrez qu'au confessionnal, en chaire & à l'autel. Vous en serez bien plus respecté. Il y a peu de directeurs qui ne perdent beaucoup, en se faisant trop connoître. C'est une grande science que celle de ne se communiquer qu'à propos. Ne me demandez rien de plus ; car fur cet article, voilà tout ce que je fais. Adieu.

*Au couvent des SS. apôtres, ce
19 décembre 1756.*

LETTRE XCVIII.

A *M. le comte* GENORI.

M. LE COMTE,

Mes livres, mes exercices clauftraux, mon emploi, tout s'oppofe au plaifir que j'aurois de vous aller voir. D'ailleurs que feriez-vous d'un religieux, dont le temps, continuellement coupé par la lecture & par la priere, interromproit nos promenades & nos entretiens?

Je fuis tellement accoutumé à mes heures de folitude & de travail, que je croirois ne plus exifter, fi cela m'étoit enlevé.

Tout le bonheur d'un religieux confifte à favoir être feul, favoir prier, favoir étudier. Il ne me refte que ce bien-être, & je le préfere à tous les plaifirs du monde. La converfation de quelques favants ou de quelques amis m'eft infiniment précieufe, pourvu toutefois qu'elle ne prenne rien fur la diftribution de mon temps. Je n'ai jamais prétendu me rendre efclave de la minute aux heures dont je puis difpofer, parce que je détefte tout ce qui eft minutieux : mais j'aime l'ordre, & je ne vois que cet amour qui puiffe entretenir l'harmonie de l'ame & des fens.

Où il n'y a point d'ordre, il n'y a point de paix. La tranquillité eft fille de la regle; & c'eft par la regle que l'homme fe renferme dans la fphere de fes devoirs. Toutes les créatures inanimées nous prêchent l'exactitude: les aftres font périodiquement leur cours, & les plantes ne fe raniment qu'au moment qui leur eft marqué. On fait l'inftant où le jour doit paroître, & il n'y manque pas ; on connoît le moment de la nuit, & alors les ténebres couvrent la terre.

Le vrai philofophe ne renverfe point l'ordre des temps, à moins qu'il n'y foit forcé par des occupations ou par des ufages qui l'exigent.

Pour revenir à l'hiftoire naturelle dont vous me parlez, Monfieur le comte, il eft certain que nous l'avons moins étudiée que l'antiquité, quoique l'une soit beaucoup plus utile que l'autre. Cependant l'Italie offre à chaque pas de quoi exercer toute la curiosité des naturalistes, & de quoi la contenter. On y remarque des phénomenes qu'on ne voit point ailleurs, & que des peuples qu'on dit moins superstitieux que les Italiens, prendroient à coup sûr pour des miracles.

Un abbé François qui est depuis quelque temps ici, & que j'ai connu chez M. le cardinal Passionei, étoit dans le plus grand étonnement, à l'occasion des merveilles que la nature offroit ici à ses regards. Je me souviendrai toujours d'avoir fait un trajet avec lui du côté de la ville *Mattei*, & qui, quoique très-court, dura près de cinq heures, parce qu'il s'arrêtoit à chaque pas. Il a des connoissances, & un tel goût pour l'histoire naturelle, qu'il se colle sur un insecte, ou sur un caillou, sans pouvoir s'en arracher. J'avois peur qu'il ne se pétrifiât lui-même à force de regarder des pierres; & il faut avouer que j'y aurois beaucoup perdu, car il a une conversation aussi intéressante qu'enjouée. C'est le même qui a écrit contre les systêmes de M. de Buffon. Combien ne se seroit-il pas arrêté davantage, s'il eût eu le bonheur de se trouver avec vous ?

J'ai l'honneur d'être, Monsieur le comte, avec la plus vive reconnoissance & le plus respectueux attachement, votre très-humble, &c.

LETTRE XCIX.

A M. C***, avocat.

OH! des compliments. Si vous saviez comme je les aime, vous ne m'en feriez jamais.

Ce qu'on débite sur le compte du personnage en question, n'est fondé que sur l'envie & sur la malignité. Quel est l'homme en place, quel est l'homme qui écrit, qui n'ait des ennemis ? Les libelles comme les satyres ne font impression que sur des têtes foibles, ou mal organisées ; & ce que vous observerez, c'est que les personnes les plus tarées & les plus vicieuses, sont toujours celles qui croient le plus facilement les calomnies, & qui paroissent avoir le plus de répugnance à voir ceux qu'on a outragés.

Mais la prévention eſt tellement en uſage, que, ſelon la remarque du ſaint pere, il faut mille recommandations pour déterminer un homme en place en faveur de quelqu'un, & qu'il ne faut qu'un ſeul mot pour le faire changer, & pour l'irriter. C'eſt la plus grande preuve de la dépravation du cœur humain.

On ſeroit obligé de ne voir perſonne, ſi l'on fermoit ſa porte à tous ceux dont on dit du mal. Les jugements téméraires ſont la choſe dont on doit plus ſe garder. Il eſt honteux de juger ſon frere, dans le temps qu'on n'a même pas de preuves pour l'accuſer.

La prévention perdra la plupart des grands, & ſur-tout des dévots, qui croient devoir pieuſement ajouter foi à tout le mal qu'on leur dit du prochain. Ils affectent d'ignorer que Dieu nous commande expreſſément de ne point juger, pour n'être pas jugés ; & qu'on eſt moins criminel à ſes yeux, lorſqu'on a commis des fautes dont on s'humilie, que lorſqu'on accuſe ſes freres témérairement.

La premiere regle de la charité chrétienne, eſt qu'on ne peut croire le mal, ſi l'on n'a rien vu, & qu'on doit ſe taire, ſi l'on a vu.

D'ailleurs, si celui qu'on voudroit vous engager à ne point voir, recherche la société des gens de bien, c'est une preuve qu'il n'est pas si libertin qu'on le présume, ou qu'il veut changer. Peut-être son salut est-il attaché au bon exemple que vous lui donnerez ; ainsi ne le rebutez pas.

La charité ne juge pas comme le monde ; parce que le monde n'a presque jamais manqué de mal juger. Je suis, &c.

Au couvent des SS. apôtres.

LETTRE C.

A M. l'abbé L***.

PUISQUE vous me consultez, Monsieur, sur le discours que j'entendis derniérement, je vous dirai avec ma franchise ordinaire, que j'y ai trouvé d'excellentes choses, mais que je n'y aime point cette afféterie qui l'énerve. Il sembleroit que c'est un ouvrage travaillé à une toilette & qu'on l'a fardé. Laissez dorénavant parler votre ame, quand vous monterez en chaire, & vous parlerez bien. L'esprit ne devoit être que la bordure du tableau, & vous en avez fait le fonds de votre discours.

Pour qu'un orateur soit bon, il faut qu'il tienne le milieu entre les Italiens & les François, c'est-à-dire, entre ce qui est gigantesque & ginguet.

Ne vous laissez pas gâter par l'esprit du siécle. Vous ne pourrez plus vous débarrasser de cette éloquence guindée qui met à la torture les pensées & les mots. Il est important pour un jeune homme qui a du talent, de recevoir de pareils avis, & sur-tout qu'il y défere; c'est ce dont votre modestie me répond. Je suis, Monsieur, avec tout le desir possible de vous voir un parfait orateur, votre très-humble, &c.

A Rome, ce 10 du courant.

LETTRE CI.

Au prince SAN SEVERO.

EXCELLENCE,

Je suis toujours dans l'admiration de vos nouvelles découvertes. Vous faites sortir un second univers du premier par tout ce que vous créez. Cela désespere nos antiquaires, qui se persuadent qu'il n'y a rien d'intéressant & de beau, que ce qui est très-vieux.

Il est bon sans doute d'estimer l'antiquité; mais je pense qu'il ne faut pas s'en rendre esclave, de maniere à exalter outre mesure une chose vile en soi-même, uniquement parce qu'elle a été tirée des jardins d'Adrien.

Les anciens avoient, comme nous, pour leur usage des choses extrêmement communes; &, si on les exalte à raison de leur vétusté, la terre en cette qualité mérite nos premiers hommages : car sûrement on ne lui contestera pas son ancienneté.

Je ne puis souffrir les enthousiastes, non plus que les personnes entiérement froides. Il n'appartient qu'à ceux qui tiennent le milieu entre ces deux extrêmes, de bien voir & de bien juger. L'indifférence des gens froids leur ôte le goût & la curiolité ; & il faut l'un & l'autre pour examiner & pour prononcer.

L'imagination eſt encore plus dangereuſe que l'indifférence, quand elle n'eſt point réglée. Elle cauſe des éblouiſſements qui couvrent la vue, & qui obſcurciſſent la raiſon. La philoſophie même, ſur laquelle cette folâtre ne devoit jamais avoir d'empire, ſe reſſent tous les jours de ſa trop funeſte impreſſion. Les ſophiſmes, les paradoxes, les raiſonnements captieux qui ſont à la ſuite de tous nos philoſophes modernes, n'ont d'autre origine que l'imagination. Elle ſe monte ſelon les caprices, & elle n'a plus d'égards ni pour l'expérience ni pour la vérité.

Votre excellence doit connoître ces écrits, ayant des occaſions fréquentes de lire les productions du temps. L'Angleterre qui, à raiſon de ſon phlegme, ſembleroit devoir moins imaginer que les autres nations, a ſouvent mis au jour les idées les plus extravagantes. Leurs philoſophes ont déliré encore plus que les notres, parce qu'il leur

CLÉMENT XIV.

aura fallu faire plus d'efforts pour sortir de leur caractere naturellement sombre & taciturne. Leur imagination est comme le charbon qui s'allume, & dont la vapeur trouble le cerveau.

On a raison de dire que l'imagination est la mere des songes : elle en produit plus que la nuit même ; & ils sont d'autant plus dangereux, qu'en s'y livrant, on ne croit pas rêver ; au lieu que le matin nous détrompe sur les illusions du sommeil.

Je crains toujours que vos expériences chimiques ne nuisent à votre santé. Il en résulte quelquefois de terribles accidents. Mais lorsqu'en physique on fait quelque nouvel essai, on s'y livre sans en redouter les suites, comme un officier entraîné par sa valeur, se jette à tort & à travers au milieu du feu.

J'ai l'honneur d'être avec autant de respect que d'attachement, &c.

A Rome, ce 13 Janvier 1757.

A un prélat.

MONSIGNOR,

Uniſſez-vous à moi pour venger la mémoire de Sixte-Quint. On me força hier de me fâcher en quelque ſorte, en me ſoutenant que c'étoit un pape cruel, un pontife indigne de régner. Il eſt étonnant combien cette réputation qu'on lui a faite gratuitement, ſe ſoutient, & combien elle a gagné de terrein.

Eſt-il donc permis de juger un ſi grand homme, ſans ſe repréſenter les temps où il a vécu, & ſans faire attention que l'Italie fourmilloit alors de brigands ; que Rome étoit moins ſûre qu'une forêt, & qu'on y inſultoit les plus honnêtes femmes, même en plein jour.

La ſévérité de Sixte-Quint, qu'on nomme improprement, *cruauté*, aura pour le moins autant plu à Dieu, que la piété de Pie V.

On a vu ſous le regne de certains

papes des milliers d'hommes assassinés, sans qu'on punît les meurtriers ; & c'est alors qu'on pouvoit dire que de tels pontifes étoient cruels. Mais que Sixte-Quint ait fait mettre à mort une cinquantaine de brigands, pour sauver la vie de la plupart de ses sujets, pour rétablir les mœurs au milieu des villes, & la sûreté au sein des campagnes, dans un temps où il n'y avoit plus ni loi, ni bon ordre, ni frein ; c'est un acte de justice & d'un zele autant utile au public, qu'agréable à Dieu.

Je gémis, je vous l'avoue, quand je vois de grands hommes devenir la fable de quelques écrivains ignorants ou prévenus. Plus d'une fois la postérité elle-même, qu'on dit être un juge impartial, a été entraînée par les réflexions d'un historien séduisant, qui se mettoit sur les rangs sans en avoir mission, & qui prononçoit d'après ses préjugés.

On a beau crier à la calomnie ; l'impression est faite, le livre a été lu ; & la multitude ne juge plus que sur ce premier écrit. Ainsi *Gregorio Leti* a rendu Sixte-Quint odieux dans toutes les régions de l'univers ; au lieu de le peindre comme un souverain, forcé d'intimider son peuple, & de le contenir par les plus grands exemples de sévérité.

Rien n'est plus terrible pou les états qu'un gouvernement trop mou. Les crimes font mille fois plus de victimes, que des supplices ordonnés à propos. L'ancien testament est rempli d'exemples de justice & de terreur ; & c'étoit Dieu lui-même, qu'on n'accusera pas sans doute d'être cruel, qui les ordonnoit.

J'irai sûrement vous voir au premier moment : vous y pouvez compter, comme sur l'affection avec laquelle je serai toute ma vie, &c.

Au couvent des SS. apôtres, ce 8 avril 1757.

LETTRE CIII.

A un jeune religieux.

LES conseils que vous me demandez, mon cher ami, sur votre maniere d'étudier, doivent être analogues à vos dispositions & à vos talents. Si c'est la vivacité d'esprit qui vous domine, ne, il faut la tempérer par la lecture des ouvrages où il y a peu d'imagination ; si au contraire vous avez de la lenteur dans vos pensées, il faut les vivifier, en vous familiarisant avec des livres pleins de feu.

Ne surchargez pas votre mémoire de dates & de faits, avant d'avoir mis de l'ordre dans vos idées, & de la justesse dans vos raisonnements. Il faut vous accoutumer à penser méthodiquement, & à dissiper, quoique sans effort, toutes les chimeres qui passent par votre esprit. Celui qui ne pense que vaguement, n'est propre à rien, en ce qu'il ne trouve rien qui puisse le fixer.

La base de vos études doit être la connoissance de Dieu & de vous-même En vous approfondissant, vous trouverez en vous l'action de celui qui vous a créé ; & en réfléchissant sur les écarts de l'imagination, & sur les égarements du cœur, vous sentirez la nécessité d'une révélation qui a fait revivre la loi d'une maniere plus efficace & plus vive.

Alors vous vous livrerez sans réserve à la science, qui, par l'usage du raisonment & de l'autorité, nous introduit dans le sanctuaire de la religion; & c'est-là que vous puiserez la doctrine céleite, énoncée dans les livres saints, & interprétée par les conciles & par les peres de l'églife.

Leur lecture vous familiarifera avec la vraie éloquence ; & vous les prendrez de bonne heure pour modeles, afin de réuffir par la fuite dans la maniere d'écrire ou de prêcher.

Vous profiterez des intervalles qui fe trouveront entre vos exercices, pour jeter de temps en temps un coup d'œil fur les plus beaux fragments des orateurs & des poëtes, à l'exemple de St. Jérôme, c'eft-à-dire, non en homme qui s'en nourrit avidement, mais comme une perfonne qui en extrait ce qu'il y a de meilleur pour en orner fon ftyle, & pour les faire fervir à la gloire de la religion.

Les hiftoriens vous conduiront enfuite d'âge en âge & comme par la main, pour vous montrer les événements & les révolutions qui ne cefferent d'agiter le monde, & de l'occuper. Ce fera pour vous un moyen continuel de reconnoître & d'adorer une providence qui dirige tout felon fes deffeins.

Vous verrez dans l'hiftoire, prefque à chaque page, comment les empires & les empereurs furent dans la main de Dieu des inftruments de juftice ou de miféricorde ; comment il les éleve,

& comment il les abaisse ; comment il les crée, & comment il les détruit, étant toujours le même, & ne changeant jamais.

Vous relirez le matin ce que vous aurez lu le soir, afin que vos lectures se calent dans votre mémoire, & avec ordre, & vous ne manquerez jamais, afin de ne pas devenir un homme de parti, de faire succéder la lecture d'un auvrage flegmatique & solide à celle d'un livre plein d'imagination.

Cela tempere les pensées que les productions d'un esprit exalté font fermenter, & rassied le génie qui ne se laisse que trop souvent emporter hors de la sphere où il doit rester.

Vous vous procurerez le plus qu'il sera possible la conversation des hommes instruits. Heureusement que la providence y a pourvu, & que dans presque toutes nos maisons, il se trouve des religieux qui ont fait de bonnes études.

Ne négligez pas la société des vieillards. Ils ont dans leur mémoire, meublée de plusieurs faits dont ils furent témoins, un répertoire qu'il est bon à feuilleter. Ils ressemblent à ces bouquins qui contiennent d'excellentes choses, quoique souvent vermoulus, poudreux & mal reliés.

Vous ne vous paſſionnerez pour aucun ouvrage, pour aucun auteur, pour aucun ſentiment, dans la crainte de devenir homme de parti ; mais vous donnerez la préférence à un écrivain, plutôt qu'à un autre, lorſque vous le jugerez plus ſolide, & plus excellent. La prévention & les préjugés ſont les choſes dont on doit ſe garantir avec plus de précaution; & malheureuſement, plus on étudie, & plus on s'y laiſſe prendre.

On s'identifie avec un auteur qui aura dit de bonnes choſes ; & l'on ſe rend inſenſiblement le panégiriſte & l'adorateur de toutes ſes opinions, quoique ſouvent il en eſt de biſarres Garantiſſez-vous de ce malheur ; & ſoyez toujours plus ami de la vérité, que de Platon, ou de Scot.

Reſpectez les ſentiments de l'ordre, pour ne pas vous élever contre des idées reçues ; mais ne vous en rendez pas l'eſclave. On ne doit tenir imperturbablement qu'à ce qui eſt de foi, & conſacré par l'égliſe univerſelle. J'ai vu des profeſſeurs qui ſe ſeroient laiſſé égorger, plutôt que d'abandonner des opinions d'école. Ma conduite à leur égard étoit de les plaindre, & de les éviter. Ne vous attachez à la ſcolaſtique, qu'autant qu'on en a befoin pour favoir le jargon des écoles, & pour réfuter les fophiftes : car loin de faire l'effence de la théologie, elle n'en eft que l'écorce.

Evitez les difputes : on éclaicit rien en difputant ; mais fachez dans l'occafion foutenir la vérité, & combattre l'erreur, avec les armes que Jefus-Chrift & les apôtres nous ont mifes en main, & qui confiftent dans la douceur, dans la perfuafion, & dans la charité. On ne prend pas les efprits d'affaut ; mais on vient à bout de les gagner, quand on connoit l'art de s'infinuer.

Craignez de fatiguer les facultés de votre ame, en vous livrant à des études défordonnées : à chaque jour fuffit fa peine, & à moins qu'il n'y ait néceffité, il ne faut pas, par un travail prolongé dans la nuit, anticiper fur le lendemain.

L'homme qui regle fon temps, & qui ne donne réguliérement que quelques heures au travail, avance beaucoup plus que celui qui entaffe moments fur moments, & qui ne fait pas s'arrêter. Quand on n'a point d'ordre, on finit ordinairement par n'être qu'un frontifpice de livres, ou qu'une bibliotheque renverfée.

Aimez donc l'ordre ; mais fans être minutieux, afin de favoir renvoyer votre travail à un autre inftant, quand vous ne vous fentirez pas difpofé à étudier : l'homme d'étude ne doit pas travailler comme le bœuf, qu'on abftreint à tracer un fillon, ni comme le mercénaire qu'on paie à la journée.

C'eft une mauvaife coutume que de fe roidir continuellement contre le repos, & contre le fommeil : ce qu'on fait à contre cœur, n'eft jamais bien fait ; & ce qu'on écrit avec contention, altere la fanté.

Il y a des jours & des heures où l'on n'a nulle difpofition au travail ; & alors c'eft une folie de fe faire violence, à moins qu'on ne foit extrêmement preffé.

Il n'y a guere de livres qui ne fe reffentent d'une compofition pénible, parce que trop fouvent on écrit, lorfqu'on devroit fe repofer.

C'eft un grand art, pour réuffir dans fes études, que celui de prendre le travail, & de le quitter à propos : fans cela, la tête s'échauffe, l'efprit s'abforbe ou s'exalte, & l'on ne fait plus rien que de languiffant ou d'extraordinaire. Apprenez à bien choifir les ouvrages qu'il faut lire, pour ne favoir que de

CLÉMENT XIV.

bonnes choses, & pour en bien user : la vie est trop courte pour la perdre dans des études superflues : si l'on ne se dépêche d'apprendre, on se trouve vieux sans avoir rien su.

Sur-tout priez Dieu qu'il vous éclaire : car il n'y a de science que par lui, & l'on est dans les ténèbres, lorsqu'on ne suit pas sa lumière.

Craignez d'être savant, pour vous faire une réputation : car outre que la science enfle, & que la charité édifie, on révolte une communauté lorsqu'on affiche le savoir.

Laissez agir le cours des événements, & parler votre mérite pour vous avancer : si les places ne viennent pas vous chercher, contentez-vous de la dernière, & croyez sur ma parole, que c'est la meilleure.

Je n'ai jamais été plus satisfait que lorsqu'après les chapitres, je me suis trouvé sans autre dignité que l'honneur d'exister : alors je m'applaudissois d'avoir refusé tout ce qu'on avoit voulu m'offrir, & de n'avoir que moi-même à gouverner.

L'avantage d'aimer l'étude, & de converser avec les morts, vaut mille fois mieux que la gloire frivole de commander à des vivants : le plus beau commandement est celui de tenir ses sens & ses passions en respect, & de conserver à l'ame la souveraineté qui lui est due.

Ajoutez que l'homme qui s'applique, ne connoît point l'ennui : qu'il se croit encore jeune, lorsqu'il est déjà vieux. Les tracasseries du cloître, comme les embarras du monde, sont toujours loin de lui.

Je vous exhorte donc, mon cher ami, non-seulement pour l'avantage de la religion, non-seulement pour le bien de notre ordre, mais encore pour votre propre satisfaction, à vous livrer à une vie appliquée. Avec un livre, une plume, vos pensées, vous vous trouverez bien par-tout où vous serez : l'esprit comme le cœur offre à l'homme des asyles, quand il sait s'y retirer.

Je suis sensible à toute la confiance que vous me témoignez, d'autant plus que vous auriez dû vous adresser aux peres Colombini, Marzoni, Martinelli, préférablement à moi. Ce sont là des hommes qui, par leur science & par leurs talents, sont capables de donner d'excellents conseils. Adieu ; & croyez-moi votre serviteur & votre bon ami.

A Rome, ce 7 juin 1757.

LETTRE CIV.

Au R. P***, religieux de la congrégation des Somasques.

LA perte que l'église vient de faire, mon révérend pere, dans la personne de Benoît XIV, m'est d'autant plus sensible, que j'avois en lui un excellent protecteur. Je revins à Rome en 1740, la premiere année de son pontificat ; & depuis ce moment il n'a cessé de m'honorer de ses bontés. Si vous voulez faire son oraison funebre, vous aurez la plus belle matiere à traiter : vous n'oublierez sûrement pas qu'il fit ses études chez vous, au college Clémentin, & que vous ébauchâtes en lui ces sublimes & vastes connoissances qui le rendent un docteur de l'église, & qui l'associeront un jour aux Bernard & aux Bonaventure.

Ayez soin dans cette oraison funebre, que votre esprit s'éleve autant que votre héros ; & que la magranimité qui le caractérisa soit dignement exprimée.

Tâchez d'être historien autant qu'orateur; mais de maniere cependant qu'il n'y ait dans vos récits, ni langueur, ni sécheresse. L'attention du public doit être continuellement réveillée par de grands traits dignes de la majesté de la chaire & de la sublimité de Lambertini.

En vain vous appelleriez à votre secours toutes les figures de rhétorique, si elles ne venoient vous chercher. L'éloquence n'est belle qu'autant qu'elle coule de source, & qu'elle naît de la grandeur du sujet : des éloges forcés sont des amplifications, & non des éloges.

Faites sortir des cendres de Benoît XIV une vertu qui saisisse vos auditeurs, & qui les transforme en luimême, pour qu'ils ne soient remplis que de lui.

Point de détails minutieux, point de choses extraordinaires, point de phrases boursoufflées. Fondez, autant qu'il est possible, le genre sublime avec le genre tempéré, pour former ces nuances agréables qui donnent de la grace aux discours. Attachez-vous à choisir un texte heureux, qui annonce tout le plan de votre oraison, & qui caractérise parfaitement votre héros. La division est la pierre de touche d'un panégyriste;

le discours ne peut être beau, si elle n'est pas heureusement choisie.

Semez la morale avec discrétion, de sorte qu'elle paroisse venir se placer d'elle-même; & qu'on puisse dire, elle ne pouvoit être mieux que là : c'étoit-là sa place.

Redoutez les lieux communs; & faites ensorte que chacun voie Lambertini, & n'apperçoive point l'orateur. Louez avec autant de finesse que de sobriété, & donnez à vos louanges un ressort, qui les fasse remonter vers Dieu.

Si vous ne remuez l'ame par d'heureuses surprises, & par de grandes images, votre ouvrage ne sera qu'une piece d'esprit ; & vous n'aurez fait qu'une simple épitaphe, au lieu d'ériger un mausolée.

Parlez sur-tout au cœur, en le remplissant de vérités terribles, qui le détachent de la vie, & qui fassent descendre tous vos auditeurs dans le tombeau du saint pere.

Passez légérement sur l'enfance de votre héros : tous les hommes se ressemblent, jusqu'au moment où leur raison commence à rayonner. Que vos phrases ne soient ni trop longues, ni trop coupées : il n'y a point de nerfs dans un discours quand il est morcelé.

Que votre exorde soit pompeux, sans être enflé ; & que votre premiere période sur-tout annonce quelque chose de grand. Je compare le début d'une oraison funebre au portique d'un temple ; je juge de la beauté de l'édifice, si j'y trouve de la majesté.

Faites voir de la maniere la plus forte, la mort renversant les trônes, brisant les sceptres, foulant à ses pieds les thiares, flétrissant les couronnes ; & placez sur ces débris le génie de Benoît, comme n'ayant rien à craindre des ruines du temps, comme défiant la mort de ternir sa gloire, & d'effacer son nom.

Détaillez ses vertus ; analysez ses écrits ; & par-tout faites voir une ame sublime, qui auroit étonné Rome païenne, qui édifia Rome chrétienne, & qui s'attira l'admiration de l'univers.

En un mot, éclairez, tonnez, mais en ménageant des nuages qui fassent plus vivement sortir la lumiere, & qui forment des contrastes frappants.

Mon imagination s'allume, quand il s'agit d'un aussi grand pape que Benoît; ce pontife regretté des protestants mêmes, & qui ne pouvoit être peint que par un Michel-Ange.

Si je me suis étendu sur cet article, c'est que je sais que vous pouvez facilement saisir ce que je vous recommande. Une oraison funebre n'est belle, qu'autant qu'elle est pittoresque, & que la force & la vérité tiennent le pinceau. La plupart des éloges descendent dans le tombeau de ceux qu'on loue, parce que ce n'est qu'une éloquence éphémere produite par le bel esprit, & dont l'éclat n'est qu'un faux brillant.

Je serois au désespoir de voir Lambertini célébré par un orateur qui ne seroit qu'élégant : il faut servir chacun selon son goût; & le sien fut toujours sûr & toujours bon.

Travaillez, mon très-cher; je verrai volontiers ce que vous jetterez sur le papier, convaincu que ce seront des traits de feu qui consumeront tout ce qui ne sera pas digne d'un tel éloge : j'en juge par les productions dont vous m'avez déjà fait part, & où j'ai remarqué de grandes beautés. Il est temps que notre Italie perde ses *concetti*, & qu'elle prenne un ton mâle & sublime analogue à la vraie éloquence.

Je tâche de former par mes avis quelques jeunes orateurs, qui prennent la peine de me confulter; & je m'efforce, autant qu'il eft poffible, de les dégoûter de ces difparates, qui mettent continuellement dans nos difcours le burlefque à côté du fublime. Les étrangers fe révoltent, avec raifon, contre un alliage auffi monftrueux : les François fur-tout ne connoiffent point cette étrange bifarrerie : leurs difcours font fouvent fuperficiels, ayant beaucoup moins de fubftance que de furface; mais du moins on y trouve ordinairement un ftyle foutenu. Rien de plus choquant que de s'élever au-delà des nues, pour tomber enfuite lourdement.

Mes civilités à notre petit pere, qui auroit fait merveille fans fa déplorable fanté.

A Rome, ce 10 *mai* 1758.

LETTRE CV.

A M. l'abbé LAMI.

Vous allez sans doute, mon cher abbé, annoncer dans vos feuilles la mort du saint pere. C'est un savant qui a des droits sur tous les ouvrages périodiques, & à qui tous les écrivains doivent des éloges.

Il a conservé sa gaieté jusqu'à la fin; de sorte que, quelques jours avant sa mort, parlant d'un Théatin, dont on instruit la cause pour le mettre au rang des bienheureux, il disoit : *Grand serviteur de Dieu, guérissez-moi ; comme vous me ferez, je vous ferai : car si vous obtenez le recouvrement de ma santé, je vous béatifierai.*

L'analyse de ses ouvrages auroit besoin d'un rédacteur tel que vous : il sera bon qu'on en donne des extraits, & qu'ils passent entre les mains de ceux qui n'ont pas le temps de beaucoup lire, ou qui ne peuvent pas se procurer des *in-folio*.

Son livre sur-tout, qui traite *de la*

canonisation des saints (1), a besoin d'être répandu. Outre qu'il y parle en médecin, en physicien, en jurisconsulte, en canoniste, en théologien, il y traite une matiere sur laquelle on n'est pas communément instruit.

Le public s'imagine qu'il suffit d'envoyer de l'argent à Rome pour obtenir une canonisation; tandis qu'il est notoire que le pape n'en tire absolument rien, & qu'on prend tous les moyens imaginables pour ne pas se tromper sur un objet aussi important.

Cela est si vrai, que Benoît XIV, dont nous pleurons la mort, étant promoteur de la foi, pria deux Anglois, homme très-instruits, qui s'égayoient sur l'article des canonisations, de vouloir bien se dépouiller de tout préjugé, & de lire avec la plus grande attention les procès verbeaux qui concernoient la cause d'un serviteur de Dieu, mis sur les rangs pour être béatifié.

Ils y consentirent; & après avoir lu

---

(1) M. l'abbé *Baudeau*, connu par différents ouvrages utiles, nous a donné un excellent abrégé de ce savant traité. Cette *analyse de l'ouvrage du pape* Benoît XIV, *sur les béatifications & canonisations*, &c. volume in-12, se trouve à Paris chez *Lottin le jeune*, libraire, rue S. Jacques.

pendant plusieurs jours avec l'esprit le plus critique, les preuves & les témoignages qui constatoient la sainteté, & tous les moyens qu'on avoit pris pour constater la vérité, ils dirent à Monsignor Lambertini : Si l'on use des mêmes précautions, des mêmes examens, & de la même sévérité à l'égard de ceux qu'on canonise, il n'y a pas de doute que cela ne soit poussé *jusqu'à la démonstration, jusqu'à l'évidence même.*

Monsignor Lambertini leur répliqua: *Eh bien, Messieurs, malgré ce que vous en pensez, la congrégation rejette ces preuves, comme n'étant point encore suffisantes ; & la cause du bienheureux en question en restera là*

Rien ne peut exprimer quel fut leur étonnement; & ils partirent de Rome, très-convaincus qu'on ne canonise pas légérement, & qu'il n'y a point de moyens, faciles ou difficiles, qu'on n'emploie, pour connoître la vérité. La béatification d'un saint est une cause qui se plaide souvent pendant plus d'un siécle entier ; & celui qu'on appelle vulgairement l'*avocat du diable*, ne manque jamais de ramasser tous le témoignages qui sont au désavantage du serviteur de Dieu, & de faire valoir les preuves les plus fortes, les objections les plus puissantes pour infirmer sa sainteté, & pour diminuer le prix de ses actions.

Il y a une multitude de personnages, réputés pour saints, qui & ne seront jamais béatifiés, parce qu'ils n'ont pas assez de témoignages en leur faveur. Il ne faut pas seulement, comme vous le savez, de simples vertus, des vertus même éclatantes ; mais il en faut d'héroïques, & persévéramment pratiquées jusqu'à la mort, *in gradu heroico* (1)

On exige, outre cela, le témoignage des miracles, quoi qu'en disent les incrédules, qui nomment tout prodige, l'effet d'une imagination exaltée, ou le fruit de la superstition : comme si Dieu pouvoit être enchaîné par ses propres loix, & n'avoit pas la liberté d'en suspendre l'exécution : c'est alors qu'il seroit moins puissant que le plus petit monarque. Mais quelles vérités ne nie-t-on pas, lorsqu'on est aveuglé par la corruption de l'esprit & du cœur?

Dieu manifeste souvent la sainteté de ses serviteurs, par des guérisons ; & si ces prodiges qui s'opèrent après leur mort, n'ont qu'un temps & ne durent

---

(1) Dans le plus haut degré.

Clément XIV.

pas toujours, c'est que la Divinité ne fort de son secret que par intervalle, & seulement pour faire connoître que sa puissance est toujours la même, & qu'il fait glorifier les saints quand il lui plaît.

Notre conclave est dans l'enfantement; & l'on ne saura; suivant l'usage, qu'au dernier moment, quel sera le nouveau pontife. Les conjectures, les paris, les pasquinades occupent maintenant toute la ville ; c'est une vieille coutume qui ne passera pas si-tôt.

Pour moi, pendant tout ce fracas, je suis à Rome comme n'y étant pas, desirant seulement (s'il étoit possible) que Lambertini soit remplacé, & ne quittant ma cellule que pour affaire, ou pour me délasser. C'est-là que je jouis de mes livres, de moi-même, & que je savoure les réflexions du cher abbé Lami, dont je suis immuablement le très-humble, &c.

A Rome, ce 9 mai 1758.

LETTRE CVI.

Au même.

Nous avons enfin pour chef de l'église le cardinal Rezzonico, évêque de Padoue, qui s'est imposé le nom de Clément, & qui par sa piété édifiera les Romains. Ce n'est que malgré lui, & après avoir beaucoup pleuré, qu'il a accepté. Quelle place, quand on veut en remplir les devoirs! Il faut être à Dieu, à tout le monde, à soi-même, uniquement occupé de ces grandes obligations, & n'ayant en vue que le ciel au milieu des choses de la terre. La dignité est d'autant plus redoutable, qu'on succede à Benoît XIV, & qu'il est bien difficile de paroître grand après lui.

Clément XIII conserve le cardinal Archinto, secrétaire d'état. Il n'a pas un meilleur moyen de se rendre cher aux couronnes, & d'illustrer son pontificat. Il faut, lorsqu'on regne, se choisir un excellent ministre, ou faire tout par soi-même. Benoît XIII fut le plus malheureux des hommes, d'avoir donné fa confiance au cardinal Cofcia, & Benoît XIV le plus heureux, d'avoir eu le cardinal Valentini pour miniftre.

Il eft effentiel pour un fouverain, & fur-tout pour un pape, d'être bien environné. On abufe des lumieres du prince le plus clair-voyant, quand il fe laiffe éblouir. Alors le cuivre eft or à fes yeux, & il foutient, quoi qu'il lui en coûte, les hommes qu'il a une fois protégés.

Le difcernement des efprits eft une autre qualité qui n'eft guere moins néceffaire à un prince. On n'ofe pas en impofer à un monarque qu'on fait être pénétrant, & l'on fe joue de celui qui fe laiffe mener. Il y a des fouverains qui ont fait plus de mal par inertie & par foibleffe, que par méchanceté. On fe laffe de faire des injuftices criantes, mais on ne fe laffe pas de ne rien fentir & de ne rien voir.

Plus un prince fera foible, plus il fera defpote, parce que l'autorité ne fe perdant jamais, des miniftres s'en emparent, & deviennent tyranniques.

Une autre qualité que je regarde comme effentielle pour bien gouverner, c'eft de mettre chacun à fa place. Le monde moral fe gouverne comme un jeu d'échecs, où tout va par ordre &

selon son rang. Si l'on vient à mettre un pion l'un pour l'autre, il n'y a plus que de la confusion.

Un souverain n'est pas seulement l'image de Dieu par l'éminence de son rang, il doit l'être encore par son intelligence. David, tout berger qu'il étoit, avoit une lumiere supérieure qui le dirigeoit, & il le fit connoître, sitôt qu'il regna.

Un prince qui n'est que bon, n'est exactement que ce que chacun doit être; comme un prince qui n'est que sévere, n'a point pour ses sujets l'amour qu'il leur doit.

Hélas! nous autres atômes, nous parlons très-bien des devoirs de la royauté; &, si nous en étions revêtus, nous ne saurions comment nous y prendre. Il y a une grande différence entre parler & régner. Rien ne nous résiste, quand nous donnons l'essor à notre esprit, & que nous laissons courir notre plume; mais, lorsqu'on se voit accablé d'affaires, environné d'écueils, entouré de faux amis, enfin chargé de dettes & des plus grandes obligations, on est effrayé, on n'ose rien entreprendre; & par une paresse naturelle à tous les hommes, on se repose du soin de gouverner sur un subalterne, & l'on ne s'occupe que du plaisir de jouir & de dominer.

Ce qu il y a de sûr, c'est que l'art de régner est très-difficile. Si l'on porte une couronne héréditaire, on connoît la grandeur, sans connoître les détails d'un royaume, & l'on est facilement trompé. Si au contraire on parvient à une couronne élective, on prend une souveraineté dont on n'a point fait l'apprentissage, & l'on paroît emprunté au milieu des honneurs, comme au centre des affaires.

Celui qu'on place caduc sur un trône, n'est plus bon que pour la représentation. Il n'ose rien entreprendre, tout lui fait peur, & tout lui inspire la nonchalance, sur-tout s'il ignore quel sera son successeur. C'est la situation des papes, s'ils sont trop vieux: alors ils ne peuvent vaquer aux affaires de l'église & de l'état.

Mais le monde ne sera jamais sans abus : s'ils ne sont ici, ils sont là parce qu'il est de l'apanage de l'humanité d'avoir des imperfections. Il n'y a que la cité sainte, dit le grand Augustin, *où tout sera dans l'ordre, dans la paix, dans la charité : car ce sera le regne de Dieu.*

J'irai saluer le nouveau pontife, non

comme un religieux qui aime à fe produire, mais en qualité de confulteur
du faint-office. Il ne me connoît point,
& je ne me mettrai point en frais pour
en être connu. J'aime à refter couvert
de la pouffiere de mon cloître, & je
ne m'en crois nullement déshonoré.

 Adieu. Confervez-nous toujours le
bon goût des Médicis ; & l'on con-
fervera long-temps votre fouvenir,
quoique vous vous en embarraffiez fort
peu. Je fuis, &c.

A Rome, ce 15 *juillet* 1758.

LETTRE CVII.

A un prélat.

JE m'humilie, Monfignor, comme
les autres fe glorifient de l'éminentif-
fime dignité à laquelle le fouverain
pontife vient de m'élever. J'ai cru que
j'allois quitter Rome par la maniere
dont on m'anonnça cet événement tout-
à-fait extraordinaire, & je ne fuis pas
revenu de mon étonnement.

 C'eft l'ordre de S. François dont
j'ai

CLÉMENT XIV.

j'ai l'honneur d'être membre, qu'on a voulu récompenfer dans ma perfonne, & je n'en prends rien pour moi. Je fuis feulement le prête-nom ; car plus je me confidere, & plus je vois que je n'avois ni du côté de la naiffance, ni du côté du mérite, aucuns rapports directs ni indirects avec le cardinalat.

Si quelque chofe peut me confoler au milieu du trouble qui m'agite, c'eft de me voir affocié aux illuftres perfonnages qui compofent le facré college, & dont je ne fuis pas digne de délier le cordon des fouliers. Je m'imagine qu'en participant à leurs vertus, j'en acquerrai, & qu'en converfant avec eux, je les imiterai : on fe modele imperceptiblement fur ceux qu'on fréquente. J'ai déclaré à mes chers confreres, que je ne ferois jamais cardinal pour eux, & qu'ils trouveroient toujours en moi le frere *Laurent Ganganelli*, d'autant mieux que je leur dois tout ce que je fuis, & que c'eft l'habit de S. François qui me vaut les honneurs de la pourpre.

Vous me connoiffez affez pour vous convaincre que je n'en fuis pas ébloui. L'ame ne prend aucune couleur, & c'eft par elle feule que nous valons quelque chofe devant Dieu. Le Sei-

gneur, en nous faisant à son image &
a sa ressemblance, nous a plus donné
que toutes les dignités du monde ne
sauroient nous conférer. Ce n'est que
sous cet aspect, que je m'envisage
pour me trouver grand. La pourpre,
toute éblouissante qu'elle est, n'est point
faite pour mes yeux, heureusement
accoutumés à ne voir que l'éternité.
Ce point de vue fait étonnamment dé-
croître les grandeurs ; il n'y a ni d'éminence ni d'altesse qui tiennent contre
une vie immortelle, où l'on n'apperçoit
rien de grand que Dieu seul.

Je regarde les dignités comme quelques syllabes de plus pour une épitaphe, & dont on ne peut tirer vanité,
puisque celui qu'on enterre est au-dessous même des inscriptions qu'on lie
sur sa tombe.

Ma cendre en sera-t-elle plus sensible, quand on la qualifiera d'éminente ? & en serai-je mieux dans l'éternité, quand quelque foible voix dira
sur la terre, le *cardinal Ganganelli*,
ou qu'une plume périssable l'écrira ?

C'est toujours un nouveau fardeau
qu'une nouvelle dignité, & sur-tout
le cardinalat, qui impose une multitude
d'obligations. Il y a autant de devoirs
à remplir, que de circonstances où il

faut parler sans aucun respect humain.

Je m'arrange de maniere à m'appercevoir le moins qu'il sera possible de mon étrange métamorphose. Je demeurerai comme à l'ordinaire, au couvent des saints apôtres, au milieu de mes chers confreres, que j'ai toujours tendrement aimés, & dont la société m'est infiniment précieuse.

Si je quitte ma chere cellule, où j'étois plus content que tous les rois de la terre, c'est qu'il me faut plus d'espace pour recevoir ceux qui me feront la grace de venir me visiter ; mais je lui dirai souvent, *que ma langue s'attache à mon palais, si jamais je t'oublie.* J'irai souvent la revoir, & m'y rapeller tant & tant de jours qui ont disparu comme un songe.

Ainsi je ne changerai rien à mon genre de vie ; & le cher frere François me tiendra lieu de toute une maison ; il est fort, il est vigilant, il est zélé ; il suppléera à tout. Mon individu n'a ni plus d'étendue, ni plus d'accroissement depuis mon cardinalat ; & je ne vois pas qu'il faille plus de mains pour me servir.

Je marchois si bien à pied ; mais ce qui me console c'est que j'y marcherai encore. Je me laisserai seulement traîner quand le cérémonial l'exigera, & je redeviendrai le frere Ganganelli le plus souvent que je pourrai. On n'aime point à se quitter, sur-tout quand il y a cinquante-quatre ans qu'on vit avec soi-même, & qu'on y vit sans façon & en pleine liberté.

Je me flatte que vous viendrez voir, non le cardinal, mais le frere Ganganelli. Le premier n'y sera jamais pour vous, & le second s'y trouvera toujours pour vous répéter que, quelque place que j'occupe, je serai, sans jamais cesser, votre serviteur & votre ami.

A Rome, ce premier octobre 1759.

LETTRE CVIII.

A un religieux conventuel.

JE n'ai point encore reçu, mon ancien confrere & ami, le paquet que vous m'envoyez; mais je sais être patient, quoique naturellement très-vif. Notre vie n'est qu'une succession de contradictions & de contre-temps, qu'il faut savoir supporter, si l'on ne veut troubler ni son repos ni sa santé.

Le P. Georgi, toujours l'honneur des augustins, toujours chéri de ceux qui le connoissent, n'a point vu la personne dont vous me parlez : elle a passé ici trop précipitamment pour se procurer cette satisfaction. Elle vit M. Tissot, procureur général de la congrégation des prêtres de la mission, que j'estime infiniment, parce qu'il mérite beaucoup par lui-même, parce qu'il est membre d'un corps qui évangélise les pauvres avec le plus grand succès ; & enfin, parce qu'il est François.

Je vous dirai que depuis ma promotion, j'éprouve en moi-même un combat singulier. Le cardinal Ganganelli reproche au frere Ganganelli sa trop grande simplicité ; & malgré toute la décence qu'on doit à la pourpre, le frere l'emporte sur le cardinal. J'aime à vivre comme j'ai toujours vécu, pauvre, retiré, & beaucoup plus avec mes confreres, qu'avec les grands. C'est une affaire de goût, car je suis bien éloigné d'attribuer cette maniere de penser à la vertu.

Ce qu'il y a de certain, c'est que je ne pourrai jamais prendre ce ton froid ou fier, comme vous voudrez l'appeller, avec lequel un homme en place reçoit ordinairement ceux qui font d'une baffe extraction, qui ont affaire à lui. Il fuffit qu'on m'aborde, qu'on me parle, pour que je devienne l'égal de celui qui me vifite. Eft-il poffible qu'un homme ait de la morgue envers un autre homme, & qu'un chrétien étudie fes expreffions, fes geftes, fes démarches, fes lettres, dans la crainte de paroître trop modefte à l'égard de fes freres ? Eft-il poffible qu'on refufe une réponfe à une perfonne qui n'a pas des titres à produire ? Si le dernier des malheureux me fait la grace de m'écrire, je lui réponds fur le champ ; & je me croirois très-coupable, devant les hommes & devant Dieu, fi j'omettois ce devoir. Il n'y a point d'ame méprifable aux yeux de la religion & de l'humanité. Rien de plus petit à mon avis, qu'un grand dominé par l'orgueil.

 Je m'étends fur cet article, pour vous faire connoître que l'homme pour qui vous vous intéreffez, peut venir au moment qu'il voudra, & que je ferai tout à lui. Il ne fera pas moins bien reçu de M. le cardinal Corfini, dont l'honnêteté répond à la nobleffe de fon extraction. Si c'eft un défaut d'être trop affable, c'eft celui des cardinaux. Il est rare qu'on trouve parmi-eux de la fierté. Heureusement il n'y a point d'étranger qui ne nous rende cette justice.

Vous m'obligerez sensiblement, de dire au signor *Antonio*, lorsque vous le verrez, que le cardinal Dataire n'oubliera point son affaire.

Ménagez votre petite santé, en veillant moins, en vous promenant plus souvent, en prenant moins de café. C'est la boisson des gens de lettres, mais elle brûle le sang ; & alors les maux de tête, de gorge, de poitrine, se font sentir avec violence. Je ne suis cependant point l'ennemi du café, à la maniere de M. Thiery, médecin du prétendant, qui a demeuré ici, & qui opinoit que cette liqueur est vraiment un poison.

Votre petit neveu vint me voir jeudi. Il a l'esprit aussi vif que les yeux. Il me déchira un livre tout en s'amusant : il faut espérer que par la suite il les respectera davantage. Il me dit avec la plus grande ingénuité, qu'il vouloit être cardinal. J'aime singuliérement à voir chez les enfants l'ame se développer : c'est le bouton d'un fruit qui commence à s'entr'ouvrir, & qui donne d'heureuses espérances. Il vouloit dire

ler, avec lequel un homme en place reçoit ordinairement ceux qui sont d'une basse extraction, qui ont affaire à lui. Il suffit qu'on m'aborde, qu'on me parle, pour que je devienne l'égal de celui qui me visite. Est-il possible qu'un homme ait de la morgue envers un autre homme, & qu'un chrétien étudie ses expressions, ses gestes, ses démarches, ses lettres, dans la crainte de paroître trop modeste à l'égard de ses freres ? Est-il possible qu'on refuse une réponse à une personne qui n'a pas des titres à produire ? Si le dernier des malheureux me fait la grace de m'écrire, je lui réponds sur le champ ; & je me croirois très-coupable, devant les hommes & devant Dieu, si j'omettois ce devoir. Il n'y a point d'ame méprisable aux yeux de la religion & de l'humanité. Rien de plus petit à mon avis, qu'un grand dominé par l'orgueil.

 Je m'étends sur cet article, pour vous faire connoître que l'homme pour qui vous vous intéressez, peut venir au moment qu'il voudra, & que je serai tout à lui. Il ne sera pas moins bien reçu de M. le cardinal Corsini, dont l'honnêteté répond à la noblesse de son extraction. Si c'est un défaut d'être trop affable, c'est celui des cardinaux. Il est rare qu'on trouve parmi-eux de la fierté. Heureusement il n'y a point d'étranger qui ne nous rende cette justice.

Vous m'obligerez sensiblement, de dire au signor *Antonio*, lorsque vous le verrez, que le cardinal Dataire n'oubliera point son affaire.

Ménagez votre petite santé, en veillant moins, en vous promenant plus souvent, en prenant moins de café. C'est la boisson des gens de lettres, mais elle brûle le sang ; & alors les maux de tête, de gorge, de poitrine, se font sentir avec violence. Je ne suis cependant point l'ennemi du café, à la maniere de M. Thiery, médecin du prétendant, qui a demeuré ici, & qui opinoit que cette liqueur est vraiment un poison.

Votre petit neveu vint me voir jeudi. Il a l'esprit aussi vif que les yeux. Il me déchira un livre tout en s'amusant : il faut espérer que par la suite il les respectera davantage. Il me dit avec la plus grande ingénuité, qu'il vouloit être cardinal. J'aime singuliérement à voir chez les enfants l'ame se développer : c'est le bouton d'un fruit qui commence à s'entr'ouvrir, & qui donne d'heureuses espérances. Il vouloit dire son bréviaire avec moi. Hélas! son innocence eût été plus agréable à Dieu, que toutes mes prieres. Je le fis conduire par mon camérier, & je ne pus absolument le renvoyer, qu'en lui donnant un chapelet. Il me dit qu'il reviendroit dès le lendemain pour en avoir encore un autre. C'est joli chez un enfant qui n'a que cinq ans. Dieu veuille qu'il ressemble quelque jour à son pere! Adieu. Je vous embrasse de toute la plénitude de mon cœur.

A Rome, ce 8 de l'an 1760.

LETTRE CIX.

A un ministre protestant.

JE vous suis très-obligé, mon cher Monsieur, de l'intérêt que vous prenez à ma santé ; elle est très-bonne, graces au ciel ; & elle me paroîtroit encore bien meilleure, si je pouvois l'employer à quelque chose qui vous fût agréable. Le plaisir d'obliger doit être de toutes les communions.

Je voudrois de toute mon ame pouvoir vous convaincre que je porte tous les hommes dans mon cœur ; qu'ils me sont tous infiniment précieux, & que je respecte le mérite par-tout où il est. Si votre neveu vient a Rome, comme vous me le faites espérer, il trouvera en moi la personne la plus zélée & la plus empressée à lui témoigner toute l'affection que j'ai pour vous.

L'église Romaine, mon très-cher Monsieur, connoît si parfaitement le mérite de la plupart des ministres des communions protestantes, qu'elle se féliciteroit à jamais de les voir dans son sein. Il ne s'agiroit plus de rappeller les querelles passées ; de reproduire ces temps orageux, où chacun, emporté par la vivacité, sortit des regles de la modération chrétienne ; mais il seroit question de se réunir dans une même croyance, fondée sur l'écriture & sur la tradition, telle qu'on la trouve dans les apôtres, les conciles & les peres. Personne ne gémit plus que moi du mal qu'on vous fit dans le siécle dernier ; l'esprit de persécution m'est tout-à-fait odieux.

Combien les peuples ne gagneroient-ils pas à une heureuse réunion ? C'est alors que, s'il le falloit, je dirois à mon sang de couler jusqu'à la derniere.

goutte, fâché de n'avoir pas mille vies à donner, pour mourir témoin d'un si merveilleux événement. Ce moment arrivera, mon cher Monsieur, parce qu'il viendra nécessairement un temps où il n'y aura plus qu'une seule & même foi. Les juifs eux-mêmes entreront dans le sein de la vraie église ; & c'est dans cette ferme espérance, fondée sur les saintes écritures, qu'on les tolere dans le cœur de Rome, avec le plein exercice de leur religion.

Mon ame, Dieu le sait, est toute entiere à vous ; & il n'y a rien dans le monde que je n'entreprisse, pour vous prouver, ainsi qu'à tous les vôtres, combien vous m'êtes chers. Nous avons le même Dieu pour pere, nous croyons au même médiateur, nous reconnoissons pour incontestables les dogmes de la trinité, de l'incarnation, de la rédemption ; & nous voulons sincérement les uns & les autres aller au ciel. En fait de doctrine, il n'y a pas deux voies pour y parvenir. Il faut sur la terre un centre d'unité, ainsi qu'un chef qui représente Jesus-Christ. L'église seroit réellement informe, indigne de nos hommages & de notre fidélité, si elle n'étoit qu'un corps acéphale.

L'ouvrage du Messie n'est pas comme celui des hommes. Ce qu'il a établi doit toujours durer. Il n'a pu cesser un instant d'assister son église ; & vous êtes trop éclairé, Monsieur, pour regarder les Albigeois comme des colonnes de la vérité, à laquelle vous devez tenir. Faites-moi le plaisir de dire à tous vos freres, à toutes vos ouailles, à tous vos amis, que le cardinal Ganganelli n'a rien tant à cœur que leur félicité dans ce monde & dans l'autre, & qu'il voudroit tous les connoître pour les en assurer. On ne peut rien ajouter, &c.

A Rome, ce 30 de l'an 1769.

LETTRE CX.

Au comte * * *.

JE vous apprends, mon cher ami, dans la solitude où vous êtes pour quelques semaines, que ce frere Ganganelli, qui vous aima toujours tendrement, est devenu cardinal, & qu'il ne sait lui-même ni comment ni pourquoi.

Il y a des événements dans le cours de la vie dont on ne peut rendre compte;

ils sont amenés par des circonstances, & ordonnés par la providence qui est le principe de tout.

Quoiqu'il en soit, pourpré ou non pourpré, je n'en serai pas moins tout entier à vous, & je serai toujours charmé de vous voir & de vous obliger.

Quelquefois je me tâte le pouls, pour savoir si c'est bien moi, vraiment étonné de ce que le sort, qui m'éleve à une des plus grandes dignités, n'ait pas tombé de préférence sur quelqu'un de mes confreres ; il y en a nombre à qui cela eût parfaitement convenu.

Tout le monde dit, en parlant du nouveau cardinal Ganganelli : il n'est pas croyable que sans intrigue, sans cabale, il soit parvenu jusques-là ; & cependant cela est bien vrai.

O mes livres ! ô ma cellule ! je sais ce que je quitte, & j'ignore ce que je vais trouver. Hélas ! bien des importuns viendront me faire perdre mon temps ; bien des ames intéressées me rendront des hommages simulés.

Pour vous, mon cher ami, persévérez dans la vertu. On est au-dessus de toutes les dignités, quand on est sincérement vertueux. La persévérance n'est promise qu'à la défiance de soi-même, & qu'à la fuite des occasions : quiconque a de la présomption, doit s'attendre à des rechûtes.

Quand je pense que les papiers publics daigneront s'occuper de moi, faire passer mon nom au-delà des Alpes, pour apprendre aux diverses nations quand j'aurai la migraine, & quand je me ferai saigner, j'en ris de pitié. Les dignités sont des piéges qu'on a brillantés pour qu'on s'y laissât prendre. Peu de personnes connoissent bien les désagréments de la grandeur : on n'est plus à soi ; & de quelque maniere qu'on agisse, on a des ennemis.

Je pense comme S. Grégoire de Nazianze ; il s'imaginoit, lorsque le peuple se rangeoit pour le voir passer, qu'on le prenoit pour un animal extraordinaire. Je ne m'accoutume point, je l'avoue, à cet usage ; & si c'est là ce qu'on appelle grandeur, je lui dirois volontiers adieu. Je regarde tous les hommes comme mes freres & je suis enchanté quand les plus malheureux me parlent & m'approchent.

On dira que j'ai les façons roturieres, & je ne crains point ce reproche, car je n'appréhende que l'orgueil. Il est si subtil, qu'il fera son possible à dessein de me pénétrer & de me saisir ; mais je verrai le néant qui est en moi & qui m'environne, c'est le meilleur moyen de repousser l'amour propre.

N'allez pas vous aviser de me faire un compliment quand vous viendrez me voir ; c'est une marchandise que je n'aime pas, & sur-tout de la part d'un ami. Mais voilà des visites, c'est-à-dire, tout ce qui me contrarie, & ce qui me rend depuis quelques jours insupportable à moi-même. La grandeur a exactement ses nuages, ses éclairs & ses tourbillons, comme les tempêtes. J'attends le calme & le moment de la sérénité. Je suis sans réserve, & au-delà de toute expression, ainsi que par le passé, votre bon & vrai serviteur, &c.

A Rome, ce 3 octobre 1759.

LETTRE CXI.

Au cardinal CAVALCHINI.

ÉMINENTISSIME,

Vos recommandations font des ordres ; & je ne dormirai point tranquillement que je n'aye satisfait à ce que vous desirez. Votre éminence ne sauroit trop me fournir d'occasions de lui témoigner toute l'étendue de mon estime & de mon attachement ; en devenant votre confrere, je deviens encore plus que jamais votre serviteur.

Il seroit à propos que nous eussions une conférence particuliere sur ce qui concerne les affaires de l'église ; car vous êtes infiniment zélé pour le bien de la religion ; & c'est le seul objet dont je dois m'occuper. Nous ne sommes pas cardinaux pour en imposer par le faste, mais pour être les colonnes du saint siege. Notre rang, notre habit, nos fonctions, tout nous rappelle que, jusqu'à l'effusion de notre sang, nous devons tout employer selon les desseins de Dieu & les besoins de l'église, pour venir au secours de la religion.

Quand je vois le cardinal de Tournon voler aux extrémités du monde pour y faire prêcher la vérité sans aucune altération ; ce magnifique exemple m'enflamme, & je me sens disposé à tout entreprendre.

Le sacré college eut toujours des hommes éminents par leur science & par leur zele, & nous devons nous efforcer de les renouveller. Ce n'est point une politique humaine qui doit régler nos démarches, mais l'esprit de Dieu, cet esprit sans lequel on ne fait que des actions stériles, & avec lequel on fait tout bien.

Je connois votre piété ; je connois vos lumieres, & je suis convaincu qu'en temps & lieu vous saurez parler sans rien craindre.

On veut faire prendre au saint pere des engagements dont il pourroit se repentir ; car ce ne sont plus les mêmes hommes qui l'approchent, depuis la mort du cardinal Archinto ; & cela peut avoir les suites les plus fâcheuses. On ne tient plus au saint siege comme autrefois, & la prudence exige qu'on ait égard aux temps & aux circonstances.

Jésus-Christ, en recommandant à ses apôtres d'être simples comme des colombes, ajoute : & *prudents comme des serpens.* Une démarche inconsidérée de la part de Rome en des temps aussi critiques, pourroit devenir l'occasion de bien des troubles. Benoît XIV, lui-même, quoiqu'habile à concilier les esprits, eût été embarrassé ; mais il se seroit bien donné de garde de blesser le droit des couronnes.

Ce que nous avons à traiter est délicat. Il ne faut heurter ni le saint pere ni son conseil, & prendre néanmoins des mesures, pour qu'il n'écoute pas tout ce qu'on lui dit. Comme il n'a que des intentions pures, il ne soupçonne pas qu'on peut lui en imposer. Il devroit au moins balancer les avantages & les inconvénients sur ce qu'on veut lui faire entreprendre. On réussit toujours mal, quand on n'a pas soin de calculer.

On affecte de ne faire des ouvertures de cœur qu'à certains cardinaux & de laisser les autres, sans leur rien communiquer. Le Portugal ne se désistera jamais de sa maniere de penser, & je vois les autres royaumes qui lui serviront d'appui, & qui le confirmeront dans son opinion.

Les monarques ne vivent plus ifolés les uns des autres comme par le paffé; ils font tous amis, & ils agiffent réellement entre eux avec une telle fraternité, que fi l'on eft affez malheureux d'en offenfer un feul, on les offenfe tous; & au lieu de n'avoir qu'un ennemi, on a toute l'Europe contre foi.

Le faint pere, par un·zele indifcret, luttera-t-il contre toutes les puiffances, tonnera-t-il contre le fils aîné de l'églife, & contre fa majefté très-fidelle? Il doit penfer que ce ne font pas des empereurs païens auxquels il veut réfifter, mais à des princes catholiques comme lui.

L'Angleterre doit corriger pour jamais tous les papes d'un zele indifcret. Que diroit Clément VII, s'il revenoit fur la terre? S'applaudiroit-il de fon ouvrage, en voyant ce royaume, jadis la pépiniere des faints, aujourd'hui l'affemblage de toutes les fectes & de toutes les erreurs? Il eft des chofes qu'il faut favoir facrifier, pour conferver la totalité.

Le faint fiege ne fera jamais plus brillant, jamais plus inattaquable & jamais plus en paix, que lorfqu'il aura les fouverains catholiques pour défenfeurs & pour appui. C'eft une harmonie abfolument néceffaire pour la gloire & pour le bien de la religion. Les fideles feroient expofés à tout vent de doctrine, fi malheureufement les princes n'avoient pas pour Rome la déférence qu'il doivent avoir ; & le fouverain pontife lui-même verroit fon troupeau dépérir infenfiblement, & choifir de mauvais pâturages, au lieu de ceux qu'il lui offre.

Le bon pafteur ne doit pas feulement rappeller les brebis égarées, mais travailler, autant qu'il eft en lui, pour qu'elles ne s'égarent pas. L'incrédulité, dont le fouffle fatal fe communique de toutes parts, ne demande pas mieux que de voir Rome en oppofition avec les rois. Mais la religion ne s'accommode pas de ces divifions : il ne faut pas donner lieu aux ennemis de l'églife de répéter ce qu'ils n'ont que trop fouvent dit ; que Rome étoit intraitable, & qu'elle avoit un efprit de domination, dangereux pour les différents états.

La vérité eft que chaque fouverain eft maître chez foi, & que nulle puiffance étrangere n'a droit de lui commander. On a penfé diverfement dans des temps de troubles & d'horreur, qu'il feroit dangereux de rappeller. La charité, la paix la modération, voilà les armes des chrétiens ; & fur-tout celles de Rome, qui doit donner à toutes les cours des exemples de patience & d'humilité.

Il faut fe rappeller que, lorfque pierre coupa l'oreille de Malchus, qui étoit cependant un des ennemis de Jefus-Chrift, il fut reprit par ce divin Sauveur, & qu'il lui ordonna de remettre l'épée dans le fourreau.

Ce feroit bien pire, fi l'on ofoit employer un pareil glaive contre ceux-mêmes qui défendirent toujours le faint fiege, & qui fe font gloire d'en être les appuis.

Il n'y a rien de plus dangereux que le zele indifcret qui rompt le rofeau déjà brifé, qui éteint la meche qui fume encore, & qui veut faire defcendre le feu du ciel.

Je fais qu'un pape eft obligé de conferver les immunités du faint fiege ; mais il ne faut pas fe brouiller avec tous les rois catholiques, pour quelques droits feigneuriaux ; c'eft attifer le feu de l'incrédulité, que de lui donner des prétextes de crier plus que jamais contre l'églife romaine.

On voit mal, quand on ne voit qu'une

partie des choses ; il faut en considérer l'ensemble, & peser sur l'avenir les démarches présentes. *Une étincelle*, dit S. Jacques, *embrase toute une forêt.*

Les petits esprits s'imaginent qu'on en veut à certains religieux, parce qu'on ne veut pas les soutenir en dépit des rois. Mais outre qu'on leur attireroit encore plus d'orages, en résistant aux puissances, on ne se brouillera pas, par préférence pour eux, avec tous les princes catholiques.

Il ne me seroit pas possible de dormir, si j'en voulois à quelqu'un. J'aime sincérement tous les ordres religieux ; je voudrois de toute mon ame qu'on pût tous les conserver ; mais je réfléchis sur ce qui est le plus convenable, quand il faut prendre un parti. Je ne prétends même pas que le saint père doive en détruire aucun, mais qu'il écrive du moins aux couronnes, qu'il examinera les griefs, contre cet ordre religieux & que réellement il les examine.

Je suppose Rome en butte à toutes les couronnes. Comment se soutiendra-t-elle au milieu des orages ? Nous ne sommes pas encore dans le ciel ; & si Dieu conserve son église jusqu'à la fin des siécles, c'est qu'il inspire à ceux qui la régissent, une prudence relative aux temps & aux lieux, ainſi que l'amour de la paix.

Il ne faut pas croire que Dieu fera un miracle pour ſoutenir un zele indiſcret. Il laiſſe agir les cauſes ſecondes; & quand elles prennent un mauvais parti, les choſes n'en vont pas mieux.

Il n'y a que des illuminés qui ne veulent pas ſe plier aux circonſtances, quand il n'eſt queſtion ni de la morale ni de la foi. Dans les affaires importantes, il faut toujours enviſager quelle en ſera la fin, pour éviter les plus grands maux.

Comme je connois votre zele Monſeigneur, ainſi que vos lumieres, je préſume que vous trouverez quelque moyen capable de ſauver, non le ſaint ſiege, qui ne peut périr, mais la cour de Rome qui ſe voit expoſée aux plus grands périls.

Voilà mes réflexions. Je me perſuade que vous les trouverez juſtes. J'oſe vous aſſurer que je les ai peſées devant Dieu qui ſonde les reins & les cœurs, & qui ſait qu'il n'y a dans mon ame ni antipathie ni animoſité contre perſonne.

J'ai l'honneur d'être, avec tous les ſentiments dus à vos grandes lumieres

& à vos rares vertus, votre très-humble, &c.

Au couvent des SS. apôtres, le 16 du courant.

LETTRE CXII.

A M. le cardinal S***.

EMINENCE,

Je n'eus pas le temps de vous parler hier à mon aile, fur les grandes affaires qui agitent maintenant l'Europe, & dont Rome recevra le contre-coup, fi elle ne fe comporte avec la modération qu'exigent les fouverains. Les papes font des pilotes voguants prefque toujours fur des mers orageufes, & conféquemment obligés d'aller tantôt à pleines voiles, & tantôt de fe replier à propos.

Voici le moment où il faut faire ufage de cette prudence du ferpent, que Jefus-Chrift recommande à fes apôtres. Il eft fans doute fâcheux de ce que des religieux, deftinés aux colleges, aux féminaires, aux miſſions, & qui ont beaucoup écrit en tout genre ſur les vérités de la religion, ſoient abandonnés dans un temps où l'incrédulité ſe déchaîne avec fureur contre les ordres religieux ; mais il s'agit d'examiner ſous les yeux de Dieu, s'il veut mieux heurter les ſouverains, que de ne pas ſoutenir une compagnie religieuſe.

Pour moi, je penſe, à la vue de l'orage qui gronde de toutes parts, & qu'on apperçoit déjà ſur nos têtes, qu'il eſt à propos de s'exécuter ſoi-même, & de ſacrifier ce qui eſt le plus agréable, plutôt que d'encourir l'indignation des ſouverains, qu'on ne peut trop redouter.

Que notre ſaint pere & ſon ſecrétaire d'état, aiment ſincérement les jéſuites ; je ſouſcris de tout mon cœur à l'attachement qu'ils ont pour eux, n'ayant jamais eu ni la moindre animoſité ni la moindre anthipathie contre aucun ordre religieux, mais je dirai toujours, malgré la vénération que j'ai pour S. Ignace, & l'eſtime qu'on a pour les ſiens, qu'il eſt très-dangereux, & même très-téméraire, de ſoutenir les jéſuites dans les circonſtances préſentes.

CLÉMENT XIV.

Il convient fans doute que Rome follicite en leur faveur, & qu'en qualité de mere & de protectrice de tous les ordres qui font dans l'églife, elle emploie tous les moyens de conferver la fociété; pourvu toute fois qu'elle fubiffe une réforme ; felon le décret de Bénoît XIV, & felon les defirs de tous ceux qui veulent fincérement le bien de la religion ; mais mon avis eft, lorfqu'elle aura tout épuifé, qu'elle remette cette affaire entre les mains de Dieu, & celles des fouverains.

Rome aura toujours befoin de la protection & du fecours des puiffances catholiques. Ce font des fortereffes qui la mettent à l'abri des incurfions & des hoftilités ; de forte qu'elle n'a jamais plus de gloire & d'autorité, que lorfqu'elle paroît céder aux fouverains. C'eft alors qu'ils la foutiennent avec éclat, & qu'ils fe font un devoir de publier de toutes parts, & de prouver par des actes de déférence & de foumiffion, qu'ils font réellement les fils dociles du pere commun des fideles, & qu'ils le refpectent comme le premier homme du monde aux yeux de la foi.

Plus je me rappelle ce temps malheureux, où les papes errants, fans fecours, fans afyle, avoient pour ennemis les rois & les empereurs, & plus je sens la nécessité de vivre en paix avec tous les monarques. L'église ne connoît que deux ordres indispensablement nécessaires, & fondés par Jesus-Christ même, pour perpétuer sa doctrine & pour engendrer des chrétiens, les évêques & les prêtres.

Les premiers âges du monde chrétien, que nous nommons les beaux siécles de l'église, n'eurent ni moines, ni religieux ; ce qui nous fait évidemment sentir que si la religion n'a besoin que de ses ministres ordinaires pour se conserver les réguliers, ses troupes auxiliaires, quoique extrêmement utiles, ne sont cependant pas d'une nécessité absolue.

Si les jésuites ont l'esprit de leur état, comme je le présume, ils diront les premiers : nous nous sacrifierons plutôt que d'exciter des troubles & des tempêtes.

Comme ce n'est point sur des richesses périssables, sur des honneurs temporels qu'un corps religieux doit s'appuyer, mais sur un amour solide envers Jesus-Christ & son épouse ; il doit se retirer avec la même joie qu'il a été appellé, si son vicaire, le ministre & l'interprête de ses volontés sur terre, ne veut plus de ses services. Les corps religieux ne sont respectables & ne doivent être conservés, qu'autant qu'ils ont l'esprit de l'église ; & comme cet esprit est toujours le même, indépendamment de toutes les institutions régulieres, chaque ordre doit se consoler si l'on vient à le supprimer ; mais souvent l'amour propre nous persuade que nous sommes nécessaires dans le temps même que les puissances en jugent autrement.

Si l'on avoit moins d'enthousiasme & plus de principes, chacun conviendroit de ces vérités ; & loin de soutenir témérairement un corps dont les souverains se plaignent, on engageroit ce même corps à se retirer de lui-même, sans murmure & sans bruit; malheureusement on se fait illusion, & on s'imagine qu'on ne peut toucher à un institut, sans attaquer l'essence même de la religion.

Si en abandonnant un ordre religieux, il falloit altérer un dogme, corrompre un point de morale ; ah! sans doute, c'est alors qu'il faudroit plutôt périr ! Mais après les jésuites comme avant, l'église enseignera les mêmes vérités, l'église subsistera ; & Jesus-Christ feroit plutôt naître des pierres mêmes des enfants d'Abraham, pour soutenir son ouvrage, que de laisser son corps mystique sans secours & sans appui.

Le chef de l'église est comme le maître d'un magnifique jardin, qui retranche à sa volonté les arbres qui s'étendent trop au loin, & qui pourroient offusquer la vue.

Parlez au saint pere, vous, Monseigneur, qui avez de la science & du zele. Cela conviendra beaucoup mieux de votre part que de la mienne : me regardant, avec raison, à tous égards, comme le dernier du sacré college. Faites voir à sa sainteté l'abyme qu'on se creuse, en résistant opiniâtrément aux souverains. La droiture de son cœur fera qu'il vous écoutera ; car on peut dire qu'il n'a pris le parti de résister aux puissances, que parce qu'il le croit meilleur. J'attends de votre amour pour l'église cette généreuse démarche, & je suis de votre éminence, &c.

Au couvent des SS. apôtres, ce 9 octobre 1768.

LETTRE CXIII.

A un frere convers.[1]

EH! pourquoi mon cher frere hésitiez-vous de vous adresser à moi? Suis-je donc un autre homme, parce que j'ai l'honneur d'être cardinal? Toujours mon cœur & mes bras seront ouverts pour recevoir mes chers confreres. Je leur dois trop pour jamais les oublier, puisque je leur dois tout.

L'aveu que vous me faites de votre faute me persuade que réellement vous vous en repentez. Pour peu qu'on décline dans le cloître, on donne insensiblement dans des excès. Vous n'avez pas péché par ignorance, & vous en êtes plus coupable; & ce qu'il y a de pire encore, c'est que votre faute a éclaté.

Humiliez-vous devant les hommes & gémissez devant Dieu, pour obtenir votre pardon. Je vais écrire à votre gardien pour qu'il vous reçoive avec bonté.

Vous vous êtes imaginé mon cher frere : qu'en quittant votre retraite, vous trouveriez dans le monde des satisfactions infinies. Hélas ! le monde n'est qu'un trompeur. Il promet ce qu'il ne donne jamais; il paroît un faisceau de fleurs, lorsqu'on ne le voit que dans le lointain; & si-tôt qu'on l'apperçoit de près, ce n'est plus qu'un buisson d'épines.

Je prie le seigneur, qu'il vous touche vivement; car tous les bons mouvements viennent de lui. Il faudra reprendre vos exercices avec la plus vive ferveur, & forcer ceux qui pourroient vous reprocher vos écarts, à vous admirer. Soyez persuadé que vous me serez toujours cher, & que je pleurerai avec vous sur la faute que vous venez de commettre. Votre affectionné, *le cardinal Ganganelli*,

Au couvent des SS. apôtres, ce 18 novembre 1764.

Au R. P. gardien de ✱✱✱.

SI vous avez quelque attachement pour moi, M. R. P. je vous prie de recevoir avec effufion de cœur le frere ✱✱✱, qui s'eft fcandaleufement écarté de fon devoir; mais il revient, mais il pleure, mais il promet; & ce qui eft encore plus touchant que tout cela, Jefus-Chrift, notre modele, nous apprend comment on doit pardonner. Je vous prie de l'envifager fur la croix pour le falut même de ceux qui le crucifient; & je ne doute plus d'obtenir ce que je demande.

La nature humaine eft fi dépravée, que je fuis bien moins étonné qu'alarmé des excès auxquels l'homme fe porte. Il ne faut qu'un mouvement d'orgueil, qu'un retour complaifant fur nous-mêmes, pour nous faire perdre la grace; & dès-lors nous voilà capables de tous les crimes.

Plus le Seigneur nous a préfervé des excès qui font gémir, & plus nous devons être compatiffants à l'égard de ceux qui s'y livrent ; car c'est un pur effet de sa miséricorde, dont nous ne pouvons rien nous attribuer.

Vos religieux béniront leur gardien, en voyant la tendresse avec laquelle vous recevrez la brebis égarée.

Je ne vous écris point pour que vous le dispensiez de la pénitence prescrite par les constitutions, mais pour que vous l'allégiez autant qu'il est possible, en vous abstenant de faire des reproches amers, plus capables d'irriter que de toucher.

Que vos reprimandes soient amicales ; que votre correction soit paternelle ; que votre abord au lieu d'être austere, n'ait rien que de gracieux, afin de ne point effrayer le coupable.

Souvenez-vous que c'est toujours la charité qui doit agir, & que c'est elle qui doit punir, comme c'est elle qui doit pardonner.

Je vous embrasse sincérement comme mon ancien confrere ; & j'espere apprendre par celui même que je vous recommande, qu'il a trouvé en vous un pere, plutôt qu'un maître. Personne ne vous aime & ne vous honore plus que *le cardinal Ganganelli.*

Au couvent des SS. apôtres, ce 18 novembre 1764.

Au R. P. Colloz, *prieur de Graffenthal, & supérieur général de l'ordre des Guillelmites.*

M. R. P.

Votre lettre m'a fait voir combien vous avez été sensible, & à ma promotion au cardinalat, & au choix que le saint pere a fait de ma personne, parmi tous les membres du sacré college, pour me confier la protection de votre ordre. Je ne doutois point que tels fussent en effet vos sentiments ; n'éanmoins ça été une vraie satisfaction pour moi, d'y voir l'empreinte de l'alégresse qui est dans vos cœurs, & d'y trouver des marques certaines de la confiance dont vous m'honorez. Assurément votre ordre a perdu dans le cardinal Guadagni, un grand & un puissant appui. Puissent les espérances que vous avez conçues de moi, faire renaître le calme & la paix dans vos ames ! Au moins ferai-je tous mes efforts, mon révérend pere, pour que vous trouviez en moi, ainsi que tous les vôtres, un ami tendre, un protecteur vigilant, un défenseur zélé de vos privileges. J'entends souvent avec plaisir, le procureur général des capucins, me faire l'éloge de votre révérence & de votre ordre.

Il ne me reste, mon R. P. qu'une chose à desirer ; c'est que vous m'excusiez, si cette réponse vous est parvenue trop tard; ayant été accablé d'une multitude d'affaires, qui ne m'ont presque pas laissé le temps de respirer dans un changement d'état si nouveau, & si peu attendu de ma part. Je demande aussi que vous vouliez bien me mettre à l'épreuve, & voir si je puis vous être bon à quelque chose. Je me suis entretenu de vous avec notre saint pere. Je lui parlerai de vos affaires toutes les fois que vous m'en donnerez commission. Je me recommande fort aux prieres de votre ordre : j'espere remplir les intentions de votre révérence, de maniere à vous convaincre que vous avez tous en moi un protecteur vraiment affectionné.

Je suis de tout mon cœur, mon révérend pere, &c.

A Rome, *au couvent des SS. apôtres*, *le 20 mai 1760.*

A M. l'abbé F * * *.

Vous ne lifez point affez les peres de l'églife, mon cher abbé ; & il eſt facile de le remarquer dans vos difcours comme dans vos écrits. Savez-vous qu'ils font l'ame de l'éloquence chrétienne, & que femblables à ces arbres féconds, qui ornent les jardins en même temps qu'ils les enrichiffent, ils donnent abondamment des fleurs & des fruits ?

L'églife fe glorifie de produire leurs ouvrages, comme autant de monuments des victoires qu'elle a remportées fur fes ennemis ; & tout chrétien éclairé doit faire fes délices de leur lecture. Plus on les approfondit, & plus on les trouve lumineux : chaque pere de l'églife a un efprit qui le caractérife. Le génie de Tertullien reffemble au fer qui brife ce qu'il y a de plus dur, & qui ne plie point ; celui de S. Athanafe, au diamant, qu'on ne peut ni obfcurcir, ni amollir ; celui de S. Cyprien, à l'acier, qui coupe jufqu'au vif ; celui de S. Chryfoſtome, à l'or, dont le prix répond à la beauté ; celui de S. Léon, à ces décorations, qui marquent la grandeur ; celui de S. Jérôme, au bronze, qui ne craint ni les fleches, ni les épées ; celui de S. Ambroise, à l'argent, qui est solide & luisant ; celui de S. Grégoire, à un miroir où chacun se reconnoît ; celui de S. Augustin, à lui-même, comme unique dans son genre, quoiqu'universel.

Quant à S. Bernard, le dernier des peres dans l'ordre de la chronologie, je le compare à ces fleurs que la nature a veloutées, & qui répandent un parfum exquis.

Si les François comptent parmi les peres M. Bossuet, évêque de Meaux ; c'est un jugement précoce, auquel on ne peut se soumettre jusqu'à ce que l'église universelle ait prononcé, d'autant plus qu'elle seule a droit d'assigner à ses écrivains le rang qui leur est dû. S. Thomas d'Aquin lui-même n'a pas obtenu le titre de pere de l'église ; & il n'est pas présumable que les docteurs qui lui ont succédé, jouissent de cette prérogative ; mais chaque nation s'enthousiasme pour ses auteurs, quoiqu'on soit forcé de convenir que le célebre évêque de Meaux, fût une lampe ardente & luisante, dont la lumiere ne s'obscurcira jamais.

Je vous avoue que si je fais quelque chose, mon cher abbé, je le dois à la lecture des peres, & sur tout à celle des ouvrages de S. Augustin : rien n'échappe à sa sagacité ; rien n'est au-dessous de sa profondeur ; rien n'est au-dessus de sa sublimité. Il se resserre, il s'étend, il s'isole, il se multiplie selon les sujets qu'il traite, & toujours avec le même intérêt, toujours en élevant l'ame jusques dans le sein de Dieu : sanctuaire dont il paroît avoir la clef, & où il introduit insensiblement ceux qui se nourrissent de ses magnifiques idées. Je l'admire sur-tout dans les matieres de la grace. Eh ! plût au ciel que sa doctrine sur ce point eût fixé toutes les écoles & tous les esprits ! Des écrivains audacieux n'auroient pas voulu sonder des abymes impénétrables, & la grace de Jesus-Christ eût conservé tous ses droits, & l'homme sa liberté.

Ce qui m'afflige, c'est qu'on ne lit presque plus les peres de l'église, & que ceux-mêmes qui ont besoin de les consulter, s'en rapportent à des extraits souvent infideles, & toujours trop abrégés. Un prêtre, un évêque se faisoient autrefois un devoir de lire les peres de l'église, comme de dire le bréviaire ; & aujourd'hui on ne les connoît, pour ainsi dire, que de nom, excepté néanmoins dans les cloîtres où l'on n'a pas tout à fait perdu cette excellente coutume : delà, dans bien des pays, des théologies décharnées, sans ame & sans vie, des étudiants qui ne savent que syllogistiquer, des instructions qui ne contiennent que des mots, où l'on ne trouve aucune substance.

Je dois cependant dire, à la louange du sacré college, sans vouloir le louer, qu'il a toujours eu des membres qui ont persévéramment étudié les peres, & qu'actuellement même on en peut citer qui préferent cette lecture à toute autre occupation : aussi nos écoles se ressentent-elles de cette influence : on n'y enseigne que la doctrine de S. Augustin & de S. Thomas; moyen assuré d'éviter tout ce qui respire la nouveauté.

Je vous conjure donc de vous faire une obligation de lire chaque jour les ouvrages des peres : il ne s'agit que de commencer, car vous ne pourrez plus les quitter : ils sont toujours avec Dieu, & ils vous placeront avec eux, si vous vous nourrissez journellement de leurs écrits : c'est lire l'écriture sainte que de les lire; car ils l'expliquent en maîtres, & ils la citent à tout propos.

On me raviroit les trois quarts de mon exiftence, fi l'on m'ôtoit la confolation de m'entretenir avec les SS. peres: plus ils me font préfents, plus je me confole, plus je me réjouis, & plus je me crois immenfe.

Profitez de mes leçons, fi vous m'aimez, & fi vous vous aimez vous-même ; car en lifant les peres, vous ferez des acquifitions mille fois plus précieufes que celles de toutes les terres & de tous les titres. Un eccléfiaftique n'a plus rien à faire avec le monde, que pour l'inftruire & pour l'édifier. Je fuis de tout mon cœur, & avec le plus ferme defir de voir votre efprit fructifier utilement, votre affectionné, *le cardinal Ganganelli.*

A Rome, ce 13 *décembre* 1768.

LETTRE CXVII.

Au R. P***, son ami.

Vous m'avez fait plaisir de ne point dire que je vous avois écrit. Sans être mystérieux, j'aime beaucoup qu'on soit discret ; & quoiqu'au couvent des SS. apôtres, depuis environ vingt-huit ans, je n'ai jamais fait part à mes confreres des relations que je pouvois avoir : on devine si l'on veut, ou si l'on peut ; mais on ne sait rien : *Secretum meum mihi.* (1)

J'ai vu derniérement les cardinaux d'York, Corsini, & Jean-François Albani, dont j'estime infiniment les rares qualités, & ils ne m'ont rien appris de ce que je voulois savoir.

Je souscris avec le plus grand plaisir à tout ce que vous dites d'obligeant du prélat Durini : il joint à l'aménité des François la sagacité des Italiens, & il mérite de parvenir au plus grandes dignités.

---

(1) Mon secret est pour moi.

Je n'ai rien appris des dernieres réfolutions du grand perfonnage dont vous me parlez ; je ne le vois que très-rarement, & d'une maniere très-réfervée : il ne me croit pas de fes amis. A-t-il tort ? a-t-il raifon ? C'eft ce qu'il ne pourroit fûrement pas lui-même décider, malgré toute la fineffe qu'on lui fuppofe : mais très-certainement Dieu le fait, je ne lui en veux point, par la raifon que je n'en ai jamais voulu à perfonne.

Je recommanderai la bonne œuvre dont vous me parlez aux éminentiffimes cardinaux Fantuzzi & Borromeo, qui ne refpirent que la charité. Vous remettrez vous-même l'inclufe que je vous fais paffer à M ***, & vous vous chargerez de m'envoyer fa réponfe par la voie du poftillon ailé : ce qui fera prompt & fûr. Depuis quelque temps mes correfpondances me tuent : & cependant je ne puis m'en débarraffer. Ne perdez plus dorénavant une demi-page à me marquer plus de refpect : j'aime que vous m'écriviez comme au frere Ganganelli. Je fuis toujours le même individu, quelques efforts qu'on faffe pour que je n'en croie rien : car, hélas ! fi je voulois écouter & les étiquettes & les flatteurs, l'on m'enivreroit d'un ridicule encens.

J'aime à être tout simplement moi-même, & à ne point m'environner de tous les accompagnements de la grandeur, ce sont pour l'ordinaire de très-grandes petitesses qui m'impatientent, & dont on n'est jaloux que lorsqu'on pense très-petitement. Il n'y a pas d'apparance que notre ami commun puisse en revenir : il a une complication de maux dont chacun en particulier pourroit tuer l'homme le plus robuste.

Je mitonne pour votre neveu, une place qui lui conviendra, pourvu qu'il veuille se captiver, & qu'il sache entendre gronder ; car le seigneur dont je veux le faire secrétaire, a la malheureuse manie de s'emporter pour un rien, mais son cœur n'en est pas moins excellent : c'est un tic qu'il faut lui passer en faveur de sa belle ame. Il ressemble à Benoît XIV, qui finissoit toujours par accorder quelque grace à ceux qu'il avoit grondés. Vous voyez que je suis en train de jaser, que je n'ai point l'air d'un personnage affairé. Quand j'ai dit mon bréviaire, & fini mes occupations, je causer plus qu'on ne veut, parce qu'alors j'en ai besoin.

Je vous laisse avec vous-même, c'est-à-dire, avec la meilleure société que je connoisse ; & je suis comme à l'ordinaire, & pour toute la vie, votre affectionné serviteur, *le cardinal Ganganelli.*

A Rome, ce 6 décembre 1768.

================

LETTRE CXVIII.

A M. D***.

IL ne suffit pas de faire l'aumône pour plaire à Dieu, car la charité s'étend à tout, il faut encore ne point vexer vos fermiers, & ne point molester vos vassaux : on n'a point l'esprit de la religion, quand on exige avec la dernière sévérité des minuties qu'on doit mépriser. Le christianisme ne connoît point ce sordide intérêt qui s'étend des plus petites choses ; & l'on n'en a que l'écorce, lorsqu'on est toujours sur le qui-vive avec ses fermiers, dans la crainte d'être trompé : le cœur ne peut être que terrestre, quand on s'applique avec trop de contention à des détails terrestres.

Eh ! pourquoi vous tourmenter, Monsieur, aussi vivement pour des biens périssables ? le royaume de Jesus-Christ veut des adorateurs en esprit & en vérité, dont le cœur ne soit pas rétréci par une conduite intéressée, & par des vues purement charnelles.

Je suis désolé quand je vois des gens de bien qui craignent que la terre n'aille leur manquer ; & qui souvent, quoique très-riches, sont attachés à une vile piece d'argent plus qu'un malheureux ouvrier.

J'ose ajouter, Monsieur, que toutes vos œuvres de dévotion vous seront absolument inutiles, si vous n'êtes pas entiérement détaché des biens de ce monde, & si vous continuez à être le fléau de vos débiteurs par une trop grande avidité pour les richesses. Il faut savoir perdre plutôt que de vexer. L'esprit de justice que vous m'alléguez, ne s'allie point avec de continuelles méfiances, des inquiétudes sur l'avenir, & des tracasseries éternelles.

S'il y a quelques contestations entre vous & vos fermiers, arrangez les choses plus à leur avantage qu'au votre ; cela est conforme aux conseils de Jesus-Christ, qui nous ordonne de donner notre robe si l'on nous demande notre manteau. Tout votre superflu, & même une partie de votre nécessaire, dans des besoins urgents, appartiennent aux pauvres ; ainsi vous serez coupable si vous amassez. Voilà des vérités dures, mais ce n'est pas moi qui ai fait la loi.

L'affaire dont vous me parlez ne peut être mieux qu'entre le mains de monsignor Braschi : sa droiture répond à ses lumieres ; & il n'y a point à craindre qu'il se laisse prévenir. Cependant si vous voulez, je lui en dirai deux mots. Je suis, Monsieur, avec les sentiments qui vous sont dus, &c. *Le cardinal Ganganelli.*

A Rome, ce 21 *du courant.*

LETTRE CXIX.

A milord * * *.

JE ne m'accoutume point à voir un génie comme le votre, dupe de la philosophie moderne. Vos lumieres devroient vous mettre à l'abri des sophismes qu'elle enfante, & qui nous réduisent à la triste condition des bêtes.

S'il y a un Dieu, comme la nature le crie de toutes parts, il y a une religion. S'il y a une religion, elle ne peut être qu'incompréhensible, sublime,

& aussi ancienne que le monde, comme émanant d'un être infini & éternel : si elle a ces caracteres, c'est sans contredit le christianisme ; & si c'est le christianisme, il faut nécessairement le reconnoître pour divin, & y acquiescer de cœur & d'esprit.

Est-il donc croyable que Dieu n'ait déployé l'univers d'une maniere aussi éclatante, que pour repaître les yeux d'un troupeau d'hommes & d'animaux, qu'on doit confondre ensemble, comme n'ayant tous qu'une même destinée ; & que cette intelligence qui réside en nous, qui combine, qui calcule, qui s'étend plus que la terre, qui s'éleve plus que le firmament, qui se rappelle tous les âges passés, qui pénétre dans les siécles à venir, qui a enfin une idée de ce qui doit toujours durer, ne rayonne un moment que pour se dissiper ensuite comme une foible vapeur ?

Quelle est cette voix qui crie en vous-même & à tout instant, que vous êtes né pour de grandes choses ? quels sont ces desirs qui se renouvellent continuellement, & qui vous font sentir qu'il n'y a rien dans ce monde qui puisse remplir votre cœur ?

L'homme est un malade qui se roule dans ses propres douleurs, tant qu'il s'éloigne de Dieu, & la lumiere de sa raison qu'il étouffe, le laisse au milieu d'une nuit qui fait horreur.

La même vérité qui vous assure de votre existence, je veux dire, ce témoignage intime de vous-même, nous assure de celle de Dieu ; & elle ne peut vous en donner un vive idée, sans vous imprimer celle de la religion. Le culte que nous rendons à l'être suprême, est tellement lié avec lui ; que notre cœur n'est satisfait que lorsqu'il lui rend hommage, que lorsque nous nous conformons à l'ordre qu'il a établi.

S'il y a un Dieu, il doit être nécessairement bienfaisant, & s'il est bienfaisant, vous devez, par la plus juste conséquence, le remercier de ses bienfaits. Celui de l'existence, comme celui de la santé, ne vient absolument point de vous : vous n'étiez rien il y a vingt-sept ans ; & tout-à-coup vous êtes devenu un corps organisé, enrichi d'un esprit qui lui commande en maître, & qui le mene au gré de sa volonté.

Cette réflexion vous engage à chercher l'auteur de la vie ; & vous le trouverez en vous-même, quand vous voulez vous sonder, & dans tout ce qui vous entoure, sans qu'aucun de ces objets puisse se vanter d'être une parcelle de sa substance ; car Dieu est simple, indivisible, ne pouvant absolument s'identifier avec les éléments.

Si la religion qu'il a établie a pris diverses formes, si elle s'est perfectionnée depuis la venue du Messie, c'est que Dieu l'a traitée comme notre raison, qui d'abord n'est qu'une foible lumiere, & qui se développant ensuite peu à peu, paroît dans le plus beau jour.

D'ailleurs est-ce à l'homme à interroger Dieu sur sa conduite ; est-ce à lui à régler ses voies, à lui prescrire sa maniere d'opérer ? Dieu se communique à nous, mais en se réservant toujours le droit d'agir en maître, parce qu'il n'y a rien qui ne lui soit réellement soumis. S'il nous manifestoit clairement ici bas ses desseins, si les mysteres qui nous étonnent & qui nous atterrent, nous étoient développés, ce seroit la vision intuitive qu'il nous réserve après cette vie, & il seroit inutile de mourir. L'évidence n'est que pour le ciel, *cognoscam, sicut & cognitus sum* (1) : & nous voulons anticiper ce moment, sans pen-

---

(1) Alors je connoîtrai Dieu comme je serai moi-même connu de lui,

fer que tout est réglé par une sagesse infinie, & que nous n'avons autre chose à faire qu'à nous soumettre & à adorer. L'incrédule ne change rien aux desseins de Dieu, quand il ose s'élever contre lui ; il entre même dans son plan, ce plan vaste où le mal concourt avec le bien, pour l'harmonie de ce monde & pour le bonheur de l'autre.

La nature & la religion dérivent également de Dieu, & elles ont l'une & l'autre, quoique d'une manière tout-à-fait différente, leurs mysteres & leurs incompréhensibilités ; & par la même raison qu'on ne nie pas l'existence de la nature, quoique ses opérations nous soient souvent cachées, on ne peut ni on ne doit nier celle de la religion, malgré ses obscurités.

Il n'y a rien ici qui n'ait d'un côté ténébreux, parce que notre ame, appésantie par un corps qui l'offusque & qui l'aggrave, ne seroit pas capable de tout voir. Elle est ici-bas dans une espece d'enfance, & il lui faut des jours proportionnés à la foiblesse de sa vue, jusqu'à-ce que la mort la dégage du poids qui l'accable. C'est comme un tendre oiseau qui palpite & qui crie dans son nid, jusqu'à ce qu'il puisse s'élancer dans les airs, & voler.

Partie II. G

Les gradations de la religion font admirables aux yeux du vrai philosophe. Il la voit d'abord comme un crépuscule qui sort du sein du chaos; ensuite comme l'aurore qui annonce le jour; enfin il apperçoit ce jour, mais environné de nuages, & il sent qu'il ne sera parfaitement serein & dans son midi, qu'au moment où les cieux nous seront ouverts.

L'incrédule qui sans principe fronde la révélation, en a-t-il donc une particuliere qui lui assure que celle que nous croyons, est absolument chimérique? Mais dans quel temps & dans quel lieu cette lumiere secrete est-elle venue l'éclairer? Est-ce au moment où ses passions le dominent & l'absorbent, est-ce au milieu des spectacles & des plaisirs où il passe ordinairement sa vie?

Il est étonnant, milord, comment des hommes abandonnent toute l'autorité de la tradition, éludent toute la force des plus grands témoignages, pour s'en rapporter aveuglément à deux ou trois personnes qui leur donnent des leçons d'incrédulité. Ils ne veulent aucune inspiration, & ils les regardent comme des gens inspirés; d'où il est aisé de conclure qu'il n'y a que les passions qui attachent à l'incrédulité. On abhorre une religion qui gêne, quand on veut suivre le torrent des vices, quand on veut nager au milieu des flots d'un monde couvert de vagues & d'écume.

Le christianisme est un superbe tableau, tracé de la main de Dieu, & qu'il présenta lui-même aux hommes, lorsqu'il n'étoit encore qu'ébauché, jusqu'au moment où Jesus-Christ vint l'achever, en attendant qu'il lui donne le lustre & le coloris qu'il doit avoir dans l'éternité.

Alors la religion sera le seul objet qui fixera nos regards, parce qu'elle sera dans l'essence de Dieu même, faisant un tout avec lui, selon l'expression de saint Augustin.

Cette marche est conforme au temps qui constitue cette vie, & qui n'existe que par succession. Ainsi Dieu a varié les formes de la religion, parce que nous sommes dans un monde qui varie; & il la fixera d'une maniere immuable dans le ciel, parce qu'on n'y connoît point le changement. Ce sont ces combinaisons & ces proportions qui font éclater la sagesse de l'être suprême. La religion étant pour l'homme, il a voulu qu'elle suivît les progressions de l'homme selon ses différentes manieres d'exister.

On ne voit rien de tout cela, lorsqu'on est terrestre ; & vous en jugeriez comme moi, si vous étiez dégagé de tous ces plaisirs, de toutes ces richesses qui vous matérialisent malgré vous. Le christianisme est esprit & vie ; & l'on s'en éloigne prodigieusement, lorsqu'on ne s'occupe que de ce qui est corporel. Les ames ne deviennent lumineuses à la mort, que parce qu'elles n'ont plus de corps qui les assiégent & qui les offusquent. La vraie philosophie fait ce que la mort fera, en dégageant l'homme de tout ce qui est charnel ; mais ce n'est que la philosophie moderne, qui ne connoît d'existence que celle de la matiere, & qui regarde la métaphysique comme une science purement chimérique, quoiqu'elle soit plus certaine que la physique même, qui n'est appuyée que sur les sens.

Je n'entre point dans les preuves de la religion, parce qu'elles ont été si souvent & si bien exposées dans des ouvrages immortels, que je ne ferois que répéter. Jesus-Christ est le principe & la fin de toutes choses, la clef de tous les myſteres de la grace & de la nature ; de ſorte qu'il n'eſt point ſurprenant qu'on s'égare dans mille ſyſtêmes abſurdes, lorſqu'on n'a point cette ſublime bouſſole. Je ne puis vous rendre raiſon de rien dans le phyſique comme dans le moral, écrivoit le célebre cardinal Bembo à un philoſophe de ſon temps, ſi vous n'admettez Jeſus-Chriſt. La création de ce monde même eſt inexplicable, incompréhenſible, même impoſſible, s'il n'a pas été fait pour le verbe incarné : car Dieu ne peut avoir d'autre objet dans tout ce qu'il opere, que ce qui eſt infini. Voilà pourquoi Jeſus-Chriſt eſt appellé par S. Jean, l'*alpha* & l'*omega*, & que l'apôtre nous dit que les ſiécles ont été faits par lui. *Per quem fecit & ſæcula.*

Etudiez à fond cet homme-Dieu, autant qu'une créature en eſt capable, & vous trouverez en lui tous les tréſors de la ſcience & de la ſageſſe, & vous l'appercevrez comme le premier anneau de la chaîne qui lie toutes les choſes viſibles & inviſibles, & vous le reconnoîtrez pour ce ſouffle divin qui fait germer dans les cœurs la juſtice & la ſainteté.

L'incrédule ne pourra jamais répondre d'une maniere ſatisfaiſante, quand on lui demandera ce que c'est que Jesus-Christ, cet homme tout à la fois si simple & si divin, si sublime & si abjet, si pur dans tout le cours de sa vie, si grand au moment de sa passion, si magnanime à sa mort. Il faut cependant ici répondre sans tergiverser. Si ce n'est qu'un homme, il n'est plus qu'un imposteur; car il a dit qu'il étoit Dieu, & dès-lors que deviennent ses sublimes vertus, que devient son évangile, qui défend d'employer jusqu'au moindre équivoque ; & comment rendre raison de ses victoires & de celles de ses disciples dans toutes les parties du monde? Et si c'est un Dieu, que doit-on penser de sa religion, & de ceux qui osent la combattre?

Ah ! milord, voilà ce qu'il faut connoître, ce qu'il faut approfondir, plutôt que toutes les sciences profanes auxquelles vous vous livrez. Les sciences finiront: *linguæ cessabunt, scientia destruetur* (1) ; & il n'y aura que la connoissance de Jesus-Christ qui surnagera sur l'abyme où les temps & les éléments iront s'engloutir.

Considérez-vous vous même, & cette

---

(1) Les langues cesseront, & la science sera abolie.

vue vous conduira nécessairement à la vérité. Le plus petit mouvement de votre doigt vous indique l'action de Dieu sur votre personne, cette action vous annonce une providence, cette providence vous avertit que vous êtes cher au créateur, & cet avertissement vous conduira de vérités en vérités, jusqu'à celles qui sont révélées.

Si vous n'êtes ni le créateur de vous-même, ni votre derniere fin, vous devez nécessairement chercher celui qui renferme ces deux qualités. Eh! que peut-il être, s'il n'est Dieu?

La religion sera toujours sûre de gagner son procès aux yeux de tous ceux qui auront des principes. Il suffit de remonter à la source, de l'analyser & de la suivre jusqu'où elle doit aboutir, pour connoître sa véracité; mais on la défigure, on la déshonore, & ce n'est plus qu'un squelette que les impies mettent à sa place. Je ne suis donc plus surpris si ceux qui ne sont pas instruits, & qui jurent sur la réputation des esprits à la mode, en ont peur.

J'attends, milord, de la droiture de votre ame & de l'étendue de votre esprit un jugement plus solide que celui que vous avez porté jusqu'ici du christianisme. Défaites vous de tous les systêmes & de toutes les opinions dont vous vous êtes malheureusement rempli. Entrez comme un homme tout nouveau dans le chemin que la tradition vous ouvrira, & vous jugerez tout différemment. Appellez de vos préventions à vous-même ; car ce n'est pas vous jusqu'ici qui avez prononcé. Pour moi j'agis réellement d'après ce que me disent mon cœur & mon esprit, quand je vous assure de toute l'affection avec laquelle je serai toute la vie votre serviteur, &c. *Le cardinal Ganganelli.*

A Rome, ce 29 novembre 1768.

LETTRE CXX.

A M. le comte * * *.

Les réflexions que vous faites, monsieur le comte, sur l'état présent des différents cours de l'Europe, sont très-judicieuses. On voit que vous les connoissez parfaitement, & que, sans être dans les cabinets des princes, vous savez au mieux ce qui s'y passe.

Il est beau d'être au niveau de son siécle pour bien le connoître, & pour appercevoir les reſſorts qui font agir les perſonnages qui brillent ſur la ſcene du monde.

L'homme dont vous me parlez, eſt un homme de laine, ſans conſiſtance & ſans fermeté, ſur lequel par conſéquent on ne peut abſolument compter. Il eſt une autre perſonne que vous connoiſſez zélée, comme on doit l'être, pour l'auguſte maiſon de Bourbon ; mais elle part de ſon palais avec la réſolution la plus ferme de parler fortement au ſaint pere pour l'affaire de Parme ; & à peine eſt-elle devant lui, qu'elle n'oſe plus rien dire. Quant au petit prélat qui devoit agir & ſe conſtituer médiateur, c'eſt une ame indéciſe qui remet toujours les choſes au lendemain, & qui n'a point d'autre réponſe que : *vederemo ; nous verrons.*

On pourroit bien en dire un mot au général des*** ; mais il n'eſt pas à propos de le compromettre, & ſurtout aujourd'hui que le ſecret même, impoſé par le ſaint office, n'eſt pas gardé. Quant à ſon aſſiſtant, c'eſt bien un bon homme.

La France & l'Eſpagne ont ici beaucoup de grands, qui avec raiſon leur ſont attachés ; mais ils ſont tourmentés par tant de perſonnes qui les aſſiégent,

& qui font parler le ciel comme elles veulent, qu'ils n'ofent s'expliquer.

La dévotion, peu éclairée, & qui malheureufement n'eft que trop en ufage, fouffle à tout moment qu'on doit tout facrifier pour foutenir les intérêts de Dieu ; comme fi Dieu exigeoit que fon premier miniftre fur terre fe brouillât avec toutes les puiffances catholiques, pour foutenir des droits feigneuriaux, & pour conferver bon gré mal gré un corps qui ne peut plus faire de bien, dès qu'on eft prévenu contre lui. Car, fuppofons pour un moment que ce ne fuffent que des préventions, il eft toujours vrai qu'on ne peut plus être utile quand on eft en butte à des princes puiffants ; mais il eft impoffible de faire entendre raifon fur cet objet à ceux qui ont adopté une maniere de penfer conforme à leurs opinions.

Tout cela forme un labyrinthe, où l'on ne voit point d'iffue, & le meilleur parti qu'on puiffe prendre ; c'eft de garder le filence, & d'attendre les moments de Dieu. Il faura bien, quand il voudra, éclairer les efprits, & leur faire connoître fes deffeins.

Le mal eft que, plus on attend, & plus on s'aigrit. Je fuis perfuadé, monfieur le comte, malgré tout le talent que je vous connois, que vous ne voyez pas de moyens faciles pour nous tirer d'embarras. Nous avons affaire à des gens qui jettent les hauts cris, quand on parle d'accomodement; & il est impossible de leur rien dire, parce qu'ils se croient inspirés.

Cela n'empêche pas que je ne sois indigné de certains propos qu'on tient contre Clément XIII, d'autant plus qu'il n'est jamais permis de parler contre le grand-prêtre, & que nous lisons dans l'épitre de S. Jude que S. Michel n'osa pas proférer des imprécations contre le démon même, mais qu'il se contenta de lui dire : que Dieu te réprime ; *non est aufus judicium inferre blasphemiæ, sed dixit : imperet tibi Dominus.*

D'où je conclus que la plupart des hommes, de quelque maniere qu'ils pensent font plier la religion devant leurs préjugés. Les uns sont excessivement amis du corps religieux qui fait aujourd'hui le sujet des contestations ; les autres excessivement ennemis ; & il en résulte qu'on ne voit point les choses comme elles doivent être vues, & que ce n'est plus la vérité qu'on écoute, mais la passion. Pour moi qui tins toujours le milieu entre les partis extrêmes, & qui détestai toujours les cabales & les préjugés, je pense qu'un pape n'a rien de mieux à faire que d'examiner sous les yeux de Dieu toutes les pieces pour & contre, ainsi que tous les inconvénients qui résultent d'un côté ou de l'autre ; & c'est alors qu'il peut & doit prononcer : car il est juge, & je n'ai jamais prétendu qu'il fût le simple exécuteur des volontés des princes. Il n'y a que celui qui a établi un ordre religieux, qui puisse le détruire ; mais il en a tellement le droit, qu'il faudroit être insensé pour le lui contester.

Ce qui me rassure au milieu de tous ces maux, c'est que quoique la barque de saint Pierre doive toujours être agitée, le seigneur doit aussi toujours la soutenir au milieu même des plus grandes tempêtes. Vous en êtes persuadé mieux que personne, vous, Monsieur, qui toujours appliqué à méditer les vérités éternelles ne voyez tout ce qui a rapport à la religion qu'avec les yeux de la loi.

Ce sont ces yeux, bien différents des yeux philosophiques, qui nous élevent au-dessus de ce monde, & qui nous répandent dans l'immensité de Dieu. Aussi n'y a-t-il rien de plus absurde que de dire avec les philosophes modernes, que le chrétien n'a que des vues excessivement bornées. Une ame qui s'étend jusques dans l'éternité, & qui s'éleve au-dessus de l'univers, pour arriver jusqu'à Dieu, esprit purement immatériel, peut-elle être une ame rétrécie dans ses idées ?

Quand on voudra faire le parallele de la religion avec la philosophie, on ne tardera pas à s'appercevoir que l'une étend immensément toutes les facultés de l'esprit, & que l'autre les resserre dans un cercle extrêmement étroit. Ce monde est le *nec plus ultrà* pour un philosophe du temps, & ce monde n'est qu'un atôme pour le chrétien. L'un en fait son bonheur & sa fin ; l'autre ne le regarde que comme une figure qui passe, & n'y donne qu'un simple coup-d'œil. L'un l'adore, parce qu'il est son tout & son Dieu ; l'autre ne l'envisage que comme une vapeur qui va bientôt se dissiper.

Ne comptez point sur le prélat***, il est trop occupé.

S'il arrive ici quelque changement, je serai prompt à vous en avertir. Mais il faut une terrible secousse pour que cela ait lieu. J'ai l'honneur d'être, monsieur le comte, &c.

Mes compliments a M. l'abbé,

LETTRE CXXI.

A un prélat.

Vous m'avez obligé fensiblement d'avoir rendu fervice au révérend pere Aimé de Lamballe. C'eft un capucin que j'affectionne finguliérement, à raifon de fes bonnes qualités. Il a les vertus de fon état, c'eft-à-dire, qu'il eft humble, doux, zélé & fort appliqué à maintenir la regle dans toute fa vigueur.

J'attends avec impatience votre retour, d'autant mieux que nous aurons à parler fur ce qu'on dit beaucoup, & fur ce qu'on ne fait rien.

Chaque jour nous apporte les nouvelles les plus extraordinaires, & chaque jour les détruit. Quand les efprits fermentent & qu'il y a de grandes affaires à traiter, chacun s'érige en politique & en nouvellifte, fur-tout dans Rome où nous avons un monde de fpéculateurs & d'oififs.

Les uns craignent, les autres efpérent ; cette vie n'étant qu'une fucceffion d'inquiétudes & de defirs. On débitoit hier que le roi de Naples faifoit défiler des troupes jufqu'à nous. faint Ignace qui fut enflammé de la gloire de Dieu, ne prévoyoit pas qu'il y auroit un jour tant de fermentation pour fes enfants. On dit néanmoins qu'il demanda pour eux à Dieu, qu'ils fuffent toujours fouffrants. En ce cas il a été fûrement exaucé ; car il faut convenir que depuis quelque temps ils ont effuyé bien des calamités. J'ai été réellement très-touché de leurs maux; ils font doublement mes freres, à titre d'hommes & de religieux ; & , fi l'on traite ainfi le bois verd, que fera-ce du bois fec ? *Quid in arido fiet ?*

Vous ne trouverez plus ici votre directeur. Nous l'avons enterré. Cette mort qui vient toujours fe préfenter fans qu'on l'appelle, ne nous donne point de relâche. Elle fait fa ronde jour & nuit, & l'on vit avec autant de fécurité, que fi l'on étoit fûr qu'elle ne dût jamais paffer.

Je me flatte que vous m'apporterez le petit tableau que je vous ai demandé. Comptez toujours fur mon eftime & fur mon amitié ; c'eft tout ce que je puis vous donner, mais je vous les donne amplement, étant, &c.

A Rome, ce 23 avril 1768.

LETTRE CXXII.

Au marquis CARRACCIOLI.

JE vous rends mille actions de grace, Monsieur, pour l'ouvrage que vous avez bien voulu me faire passer, & qui a pour titre ; *Les derniers adieux de la maréchale à ses enfants* : c'est le livre du sentiment, & qui agit si fortement sur le cœur, que j'en ai été vivement attendri : vous devriez nous le donner en Italien, d'autant plus que je le regarde comme un traité d'éducation parfaitement complet.

Je suis fâché de ce qu'on ne vous a pas fourni dans le temps, toutes les anecdotes intéressantes sur la vie de Benoît XIV : vous vous y êtes pris trop tard pour les avoir. Lorsqu'on veut mettre au jour l'histoire d'un souverain pontife, il faut recueillir des mémoires pendant qu'il vit : chacun s'empresse alors d'en donner ; au lieu qu'après sa mort, il est promptement oublié, & souvent même de la part de ceux qui lui doivent tous ce qu'ils sont.

Je vous exhorte, Monsieur, à continuer toujours vos travaux littéraires, si utiles au public, pourvu que ce ne soit pas au détriment de votre santé, & à me croire encore mieux que je ne puis dire, votre affectionné serviteur, *le cardinal Ganganelli.*

A Rome, ce 13 *septembre* 1768.

LETTRE CXXIII.

A M. l'ambassadeur de ✶ ✶ ✶.

(1) SI l'affaire de Parme, comme celle des jésuites, intéressoit la foi, alors il ne pourroit y avoir ni temporisation, ni accommodement, ni capitulation, parce que la réponse des pontifes, à celui qui voudroit altérer, la foi, c'est de se laisser égorger.

Ce qu'il y a de sûr, c'est que je crains

---

(1) Ce qui précédoit ce premier *alinea* dans l'édition précédente, étoit une lettre d'un ambassadeur, à laquelle celle-ci est la réponse. Un copiste, par erreur, avoit confondu les deux lettres ensemble, & n'en avoit fait qu'une. On supprime donc ici ce qui formoit la lettre de l'ambassadeur, pour ne laisser que la réponse du cardinal Ganganelli, par la raison qu'il n'y a dans ce recueil aucune lettre étrangere.

que les souverains ne finissent par faire ce qu'il leur plaira, & qu'on ne soit obligé de céder dans un temps où l'on rejettera toute soumission.

Rome n'est plus dans ces temps, où des hommes de tout rang venoient lui apporter des offrandes & des vœux. Et quand elle y seroit, pourroit-elle consciencieusement blesser les droits des couronnes ? Un pape doit sans doute conserver les immunités ; mais ce n'est pas quand cela occasionne une scission, d'autant plus que Rome est le centre d'unité ; & qu'elle ne peut pas, pour des articles qui ne touche, ni la morale, ni le dogme, exposer ceux qui vivent dans son sein, à s'en séparer.

Si, lorsque les souverains commencerent à se plaindre des jésuites, le général eût lui-même écrit aux monarques pour fléchir leur courroux, pour leur demander qu'on punît sévérement ceux qui avoient pu les offenser ; si le saint pere lui-même eût suivi ce plan, les monarques auroient du s'appaiser ; & je pense réellement qu'ils l'eussent fait, pourvu toute fois qu'on eût offert une réforme ; mais on s'est obstiné, & l'on s'obstine encore à soutenir la société : & voilà ce qui souleve tous les esprits.

Le général des carmes, le P. Pontalti, fut un excellent politique, lorsqu'il écrivit lui-même au roi de Portugal, pour le supplier d'empêcher ses religieux de commercer au Brésil. Il conseilla au R. P. Ricci de faire la même démarche; mais celui-ci ne voulut pas s'y prêter.

Quel est le souverain qui ne soit pas maître de conserver dans ses états, ou d'en expulser ceux qui lui déplaisent ? J'ose dire que le ministere actuel n'a pas bien saisi cette affaire, & qu'il n'en a pas vu toutes les suites : *il a de beaux yeux qui ne voient rien.*

Avignon, Benevent & Porte-Corvo nous annoncent que si on ne s'accommode promptement on prendra encore d'autre pays ; & voilà comment on perd insensiblement des domaines, dont une longue jouissance rend la possession très-légitime

Benoît XIV, quoique timide, auroit satisfait les souverains dans cette crise ; & il est fâcheux que Clément XIII, dont nous respectons tous la piété, ainsi que celle du cardinal son neveu, apperçoive les choses sous un autre point de vue. J'ai osé lui en parler, & il en a paru frappé ; mais aussi-tôt les gens intéressés à l'entretenir dans la façon de penser qu'ils lui ont suggérée, se présentent, & lui font des raisonnements spécieux, pour qu'il persiste dans ses sentiments. On lui dit qu'un corps religieux, qui a rendu les plus grands services dans les deux mondes, qui fait un vœu d'obéissance expresse au saint siege, doit être absolument conservé, & que ce n'est quen haine de la religion qu'on cherche à le détruire ; mais on ne lui dit pas que le pere commun des fideles ne doit point irriter les princes les plus religieux & les plus obéissants au saint siege ; mais on ne lui dit pas qu'il en peut résulter une scission entre le saint siege & le Portugal, & qu'un chef de l'église doit trembler, quand il s'agit d'une séparation qui peut avoir les suites les plus funestes.

Ce n'est rien quand on ne perd que quelques portions de terre, en comparaison des ames qui se perdroient par le schisme. Quel tableau que l'Angleterre pour Clément VII, s'il vivoit aujourd'hui ! on en frémit d'horreur. Certainement les souverains qui regnent actuellement, ne penseroient jamais à se séparer ; mais peut-on répondre de ceux qui leur succéderont ? Ce n'est pas toujours ce qui se présente sous un air de piété, qui est le plus expédient. Un pape eſt établi chef de l'égliſe, pour arracher comme pour planter : les bons livres qu'auront laiſſé les jéſuites, ſubſiſteront après eux. Les ordres religieux n'ont reçu en partage, ni l'infaillibilité, ni l'indéfectibilité ; s'ils venoient tous à s'éteindre aujourd'hui ce ſeroit ſans doute une grande perte ; mais l'égliſe de Jeſus - Chriſt n'en ſeroit ni moins ſainte, ni moins apoſtolique, ni moins reſpectable. Les ſociétés religieuſes ſont ſur le pied des troupes auxiliaires ; & c'eſt au grand paſteur à examiner quand elles ſont utiles, & quand elles ne le ſont plus.

Les humiliés, les templiers même, firent du bien pendant quelque temps, parce qu'il n'y a point d'ordre qui n'édifie, ſur-tout dans les commencements de ſon inſtitution ; & ils ont été éteints quand les rois & les papes l'ont jugé à propos.

Certainement je regretterai le bien que les jéſuites pouvoient opérer ; mais je regretterois encore davantage les royaumes qui pourroient ſe ſéparer. Ces peres doivent ſentir eux-mêmes la juſteſſe de mes raiſons ; & j'ai la préſomption de croire que je les en ferois convenir, ſi j'avois une conférence avec eux, & s'ils vouloient bien se dépouiller des préjugés attachés à toutes les conditions. Si le P. Timoné, mon ami, avoit été leur général, ils n'auroient pas subi les orages qu'ils ont essuyés.

C'est ainsi que je pense, quoique religieux, & j'en dirois autant de mon ordre même, si (à Dieu ne plaise) il devenoit en butte aux princes catholiques.

Il est certaines dévotions, qui heureusement ne m'ont jamais ébloui. Je pese les événements selon la religion & l'équité ; & comme ce sont deux lumieres sûres, je me détermine d'après leur jugement.

S'il n'y avoit point dans l'église d'autre parti que celui de Jesus-Christ, chaque fidele attendroit en paix les événements marqués par la providence, sans se passionner pour Cephas & pour Apollon. Mais on ne se laisse plus conduire que par des affections sensibles ; & parce qu'on aura connu un religieux qui a édifié par sa conduite, & qui n'a enseigné que de très-bonnes choses, on en conclura qu'on ne peut ni on ne doit éteindre l'ordre dont il est membre. Ce n'est ni bien juger, ni bien raisonner.

Quand on n'a vu, ni l'instruction

d'une affaire, ni les raisons sur lesquelles on doit juger, il est absurde de vouloir prononcer. Voilà un grand procès entre les souverains & un corps religieux, célebre par ses talents & par son crédit ; & si l'on n'en connoît pas les motifs, on ne peut ni on ne doit en parler. Je ne prétends point, encore une fois, qu'on doive détruire les jésuites ; mais je pense qu'on doit écouter les plaintes des souverains, & supprimer ces religieux s'il y a de fortes raisons pour le faire.

On ne sait point encore précisément pourquoi les templiers furent détruits, & l'on veut déjà savoir pourquoi les jésuites pourroient l'être. Je souhaite de tout mon cœur qu'ils se justifient & qu'il n'y ait ni division, ni destruction ; car j'ai l'ame vraiment pacifique, & incapable de haïr personne, encore moins un ordre religieux.

J'ai l'honneur d'être, &c.

A Rome, ce 29 *octobre* 1768.

LETTRE CXXIV.

A M. le marquis de * * *.

Nous voilà dans la plus grande crife qu'il y eut jamais. Toute l'Europe tonne contre nous, & malheureusement nous n'avons rien à opposer à cette bruyante tempête. Le pape se confie à la providence ; mais Dieu ne fait pas des miracles toutes les fois qu'on en desire ; & d'ailleurs opéreroit-il des prodiges, pour que Rome jouisse d'un droit seigneurial sur le duché de Parme ?

Rome n'a qu'une administration purement spirituelle dans tous les royaumes catholiques, & son autorité temporelle n'existe que pour l'état ecclésiastique, & encore est-ce par la concession des souverains auxquels on veut résister.

La cour de Rome ne peut oublier qu'elle doit à la France presque toutes ses richesses & toute sa splendeur ? & si elle s'en souvient, comment ne pas déférer aux volontés de Louis XV, d'autant plus qu'il ne demande que des choses qu'il a droit d'exiger ?

Je

Je compare les quatre principaux royaumes qui soutiennent le S. siege, aux vertus cardinales, la France a la force, l'Espagne à la prudence, &c.

Le S. siege, ainsi environné, se montre redoutable à ses ennemis ; & c'est alors qu'on peut lui dire : *cadent à latere tuo mille, & decem millia à dextris tuis ; ad te autem non appropinquabit.* (1)

Je gémis, je vous l'avoue, mon très-cher monsieur, à la vue des maux que tout cela nous prépare, & je dirois volontiers que ce calice d'amertume s'éloigne de nous, non parce qu'on nous ôte notre manteau, & qu'on peut nous ôter notre robe, mais parce que je crains une rupture ; & combien de malheurs n'entraîneroit-elle pas, quoique la religion ne puisse jamais périr !

Si le S. pere dont le cœur est la pureté même, vouloit seulement se faire représenter les actes de bienfaisance des monarques François envers le S. siege, il n'hésiteroit pas de déférer aux desirs de Louis XV, touchant le duché de Parme ; mais vous savez que chaque

―――――――――――

(1) Il en tombera mille à votre droite, & dix mille à votre gauche; & le mal n'approchera point de vous.

chose a deux faces, & que l'aspect sous lequel on présente celle-ci au S. pere, est absolument contraire aux vues des souverains.

On sentira la nécessité de revenir sur ses pas, &, si ce n'est pas ce pape-ci, ce sera son successeur, chose d'autant plus fâcheuse, que Clément XIII est un pontife digne des premiers siécles de l'église par sa piété, & qu'il mérite d'être béni par tous les royaumes qui reconnoissent son autorité.

Le sacré college pourroit lui faire des représentations ; mais, outre qu'il est partagé de sentiments sur l'affaire de Parme, & sur celle des jésuites, le pape n'en feroit toujours que ce que lui diroit son conseil.

Je ne suis point étonné de ce que M. le cardinal *** s'intéresse vivement à la société & à son général ; il a des raisons toutes naturelles pour lui être attaché : mais je suis surpris de ce qu'on l'a consulté de préférence sur cet objet, tout le monde sachant quelle est sa maniere de penser. On ne doit jamais, dans les circonstances critiques, prendre conseil que de ceux qui sont entiérement désintéressés ; autrement on devient, sans le vouloir, & même sans s'en défier, un homme de parti.

Il est beau de n'aimer que la vérité, & de la connoître telle qu'elle est. Tant d'illusions en prennent l'apparence, qu'on y est souvent trompé. Quand on veut la voir sans nuage dans une affaire qui se présente, il faut se dénuer de tout ce qu'on sait, s'instruire comme si l'on ne savoit rien, enfin prendre conseil des personnes qui voient & qui jugent sans préoccupation.

Il faut, outre cela, avoir une droiture d'intention qui nous mérite d'obtenir des lumieres surnaturelles ; car le Seigneur sonde nos cœurs & nos reins ; &, si ce n'est pas l'amour de la justice qui nous anime dans nos recherches, il nous abandonne à nos propres ténebres.

Je suis de toute la plénitude de mon cœur, &c.

A Rome, ce 7 Janvier 1769.

LETTRE CXXV.

A un religieux de son ordre.

LA providence, en m'élevant au cardinalat, ne m'a point fait perdre de vue l'endroit d'où je suis sorti : c'est une perspective qui m'est toujours présente, & que je trouve admirable pour écarter l'amour propre. La dignité que je possede, & pour laquelle je n'étois pas né, a plus d'épines que de roses, & en cela elle ressemble à toutes les places éminentes.

Je suis souvent obligé d'être d'un avis contraire à celui de la personne du monde que je respecte le plus, & qui mérite davantage toute ma reconnoissance. C'est le plus cruel combat que puisse éprouver mon cœur.

La charité, inséparable de la vérité, n'a pas toujours des choses gracieuses à dire ; mais bien des personnes prennent le change sur cet objet, s'imaginant que la charité est toujours douce & toujours complaisante : en ce cas elle ressembleroit à la flatterie. Il y a des circonstances où la charité s'enflamme, où elle éclate, où elle tonne. Les peres de l'église qui en furent remplis, ne parloient que par son organe, & lors même qu'ils exprimoient le plus vivement leur zele.

Quand vous écrirez à l'évêque de***, vous lui ferez mes complimens sinceres, & vous lui direz qu'on a tout employé pour pacifier les choses, & que tout est inutile. Dieu tôt ou tard manifestera ses volontés; car c'est toujours lui que nous devons avoir en vue.

Vous me rendez la vie, en m'apprenant que notre ami commun n'en mourra pas. Ses lumieres son d'un grand secours pour ceux qui le consultent. Il a le suprême talent de conduire, sans avoir les petitesses de la plupart des directeurs : car il faut convenir que bien des hommes qui dirigent, auroient eux-mêmes besoin d'être dirigés ; & ce sont presque toujours les femmes qui les perdent en ayant pour eux des attentions qu'on ne doit qu'à Dieu Il leur semble, lorsqu'elles voient celui en qui elles ont mis leur confiance, que c'est au moins l'archange Gabriel. Il est sans doute à propos qu'on ait une véritable estime pour ceux qu'on consulte, & qu'on écoute comme les oracles de la loi ; mais cela ne doit pas aller à l'excès.

Toute personne qui est dans un continuel enthousiasme de son directeur, peut se persuader qu'il y a beaucoup de motifs humains dans un tel attachement.

Quelle surprise pour une multitude de dévotes qui, croyant être sincérement à Dieu, ne sont qu'à leur directeur, & qui, au moment de leur mort, entendront de la bouche suprême qui prononcera les derniers arrêts. Comme ce n'est pas moi que vous avez aimé, retirez-vous, je ne vous connois pas : *Discedite, nescio vos.*

C'est ce qui m'a long-temps fait trembler sur le chapitre des directeurs. J'aurois bien souhaité que celui qui fus jadis le mien à Rome, & qui est mort en odeur de sainteté, eût rendu publique sa maniere de diriger. Il étoit un homme céleste qui élevoit au-dessus de l'humanité, & qui vouloit absolument qu'on l'oubliât, pour qu'on ne s'attachât qu'à Dieu seul.

Il nous manque en Italie un bon livre sur la direction. Nous en avons une multitude qui ne contiennent que des lieux communs. Mais il faudroit, pour le composer, premiérement l'esprit de Dieu ; secondement, une grande connoissance du cœur humain ; car on ne peut croire avec quelle adresse l'amour propre & mille affections sensibles vont s'y placer, tandis qu'on se persuade que ce sont des sentiments sublimes & dignes des regards de l'éternel. Voilà pourquoi il est si difficile de nous juger.

Je vous souhaite ce que vous pouvez desirer, parce que je sais que vous ne desirez que d'excellentes choses, & je suis votre très-cher & très-affectionné serviteur, *Le cardinal Ganganelli.*

Au couvent des SS. apôtres.

LETTRE CXXVI.

Au comte de ***.

Nous sommes enfin convoqués pour un consistoire qui doit terminer de grandes choses. On s'y occupera des malheureuses affaires qui nous ont brouillés avec les puissances depuis du temps. Il paroît que le saint pere se sentant enfin hors d'état de résister, acquiescera aux desirs de la maison de Bourbon. Il mettra du moins en délibération les causes de son mécontentement, & chacun donnera son avis.

Plût à Dieu qu'on eût suivi ce plan dès le commencement ! Mais on ne voit souvent les suites d'une fâcheuse affaire, que lorsqu'on s'y est engagé.

Je vous conseille d'en conférer avec... Rome, quoique renommée pour sa politique, n'est pas toujours....... Vous m'entendez.

Les ministres continuent de porter les plaintes les plus ameres ; & les parties intéressées à ne rien terminer, forment des circonvallations, des obsessions, & .... Votre esprit vous dira le reste.

Il y a tout lieu de présumer que la France, l'Espagne & le Portugal auront, &c.

Je ne vous dirai rien, si l'on m'impose silence ; & certainement vous m'approuverez. Je ne veux pas m'exposer aux mêmes reproches que le petit homme en question, pour avoir trahi le secret.

Outre la probité cardinaliste, j'ai la probité naturelle qui fait l'essence de l'honnête homme, & c'est un double engagement pour être discret ; mais nous ne le serons pas assez pour que la

chose ne se divulgue sur le champ ; &
je ne serois même pas surpris que les
gazetiers de Hollande en fussent instruits.

Je ne puis rien savoir d'avance, parce
qu'on ne dit rien. La vie que je mene,
est aussi rembrunie que mon habit ; &
je ne me trouve pas conséquemment
dans les cercles brillants où l'on débite
les grandes nouvelles. Je n'apprends les
choses que par la voie de notre cher
abbé, ... Mais fait-il tout, & dit-il
toujours vrai ? Ce n'est pas qu'il veuille
tromper ; mais son imagination, mais
sa vivacité, &c.

J'ai revu le postillon aîlé .... il m'a
remis les lettres que j'attendois, & qui
ne contiennent que de sages réflexions
sur ce que je voulois savoir. Adieu sans
cérémonie, comme vous me l'avez ordonné.

A Rome, ce 31 janvier 1769.

LETTRE CXXXVII.

Au même.

Voici bien une autre révolution que le confiftoire dont je vous ai parlé. Le faint pere, en fe mettant au lit hier au foir, éprouva une violente convulfion, jetta un grand cri, & expira. C'étoit aujourd'hui même que nous devions nous raffembler pour tirer à l'alembic ce qui tient toutes les cours catholiques en fufpens, & ce qui nous met mal avec elles. Chacun raifonnera diverfement fur cette mort arrivée fort extraordinairement dans la circonftance préfente.

Je regrette fincérement le feu pape, à raifon de fes excellentes qualités, & de la reconnoiffance que je lui dois. La religion doit faire fon éloge, & le pleurer. Il la rendit vraiment refpectable à tous ceux qui l'approcherent, par des mœurs d'or, auffi pures que fes intentions, & par un zele à toute épreuve; mais je dirai toujours; c'eft dommage qu'il n'ait pas faifi les chofes comme il devoit les envifager.

Il laisse des neveux recommandables par leurs excellentes qualités, & surtout, le cardinal, qui a la plus belle ame qu'on puisse voir.

La grande difficulté sera maintenant de savoir qui l'on choisira. Je le plains d'avance; & je ne m'aviserai point de vous dire: c'est tel ou tel; car c'est toujours celui auquel on ne pensoit pas. Ce qu'il y a de sûr, c'est que je ne donnerai ma voix qu'à celui qui joindra le savoir à la piété. Un pape, comme vicaire de Jesus-Christ, doit avoir une vraie dévotion; & comme prince temporel, beaucoup de connoissances & de sagacité. Heureusement le sacré college nous offre dans ses membres de quoi choisir avec facilité.

Priez pour que le seigneur nous inspire, & qu'il nous donne un chef selon son cœur, & selon celui des rois.

J'ai vu depuis peu Monsignor Marefoschi : c'est un prélat admirable pour la science & pour la candeur.

Le conclave sera plus supportable qu'en été. Cela ne changera guere mon genre de vie.

Je vais tout simplement quitter une cellule, pour passer dans une autre; & si l'on intrigue, je vous proteste que je n'en saurai rien, étant l'homme qui se mêle le moins de faire des partis.

Vous connoissez mon cœur, & je n'ai pas besoin de vous dire que je suis, &c.

A Rome, ce 3 février 1769.

LETTRE CXXVIII.

A un religieux de ses amis.

J'Entre au conclave ; priez le seigneur qu'il bénisse nos intentions, & qu'il nous donne le calme après une si longue tempête.

On m'a presque engagé à prendre un conclaviste François. Outre que j'aime infiniment sa nation, il a d'excellentes qualités : d'ailleurs je m'en rapporterai à moi-même, pour n'avoir rien à craindre de son indiscrétion, au cas qu'il voulût parler : *secretum meum mihi.* (1)

Vous direz à notre prélat que je n'ai pu répondre à sa lettre, & que je l'at-

---

(1) Mon secret est pour moi.

tends lui-même au couvent des SS. apôtres, dès le jour même que le conclave finira. Les esprits sont divisés, mais Dieu peut tout sur les cœurs, & c'est son ouvrage dont nous allons nous occuper.

Tâchez de me procurer, au moment de ma liberté, le livre dont je vous ai parlé. Adieu. Je suis toujours votre serviteur & votre ami, *le cardinal Ganganelli.*

A six heures du matin.

LETTRE CXXIX.

A monsignor * * *.

VOILA quatre mois que je ne suis plus, ni à moi ni à mes amis, mais à toutes les différentes églises, dont, par la permission divine, je suis devenu le chef, & à toutes les cours catholiques, dont plusieurs, comme vous savez, ont avec Rome de grandes affaires à régler.

On ne pouvoit pas devenir pape dans des temps plus litigieux; & c'est précisément sur moi que la providence a fait tomber un poids si accablant.

J'espere qu'elle me soutiendra, & qu'elle me donnera cette prudence & cette force, tout à la fois si nécessaires, pour gouverner selon les regles de la justice & de l'équité.

Je travaille à prendre la connoissance la plus exacte des affaires que m'a laissé mon prédécesseur, & qui ne peuvent se déterminer qu'après un long examen.

Vous me ferez un véritable plaisir de m'apporter ce que vous m'avez écrit sur des choses qui ont rapport à cet objet, & de ne les confier qu'à moi seul.

Vous me trouverez comme vous m'avez toujours connu, aussi étranger aux grandeurs qui m'assiégent, que si je n'en savois pas même le nom, & vous pourrez me parler avec la même franchise que vous me parliez apparavant, parce que la papauté m'a encore donné un nouvel amour pour la vérité, & une nouvelle conviction de mon propre néant.

A Rome, ce 21 septembre.

A un seigneur Portugais.

Vous ne devez pas douter, monsieur, que je n'aie tout l'empressement possible pour resserrer plus que jamais les nœuds qu'on a voulu rompre entre la cour de Rome & celle du Portugal. Je n'ignore point quelle fut de tout temps la liaison intime qui régna entre ces deux puissances, & je serai charmé de remettre les choses sur l'ancien pied; mais comme pere commun des fideles, comme chef de tous les ordres religieux, je ne ferai rien que je n'aie examiné, pesé & jugé selon les loix de la justice & de la vérité.

A Dieu ne plaise qu'aucune considération humaine puisse me décider !

J'aurai déjà un compte assez rigoureux à rendre à Dieu, sans charger encore ma conscience d'un nouveau péché; & ç'en seroit un énorme, de proscrire tout un ordre sur des rumeurs, sur des préventions, & même sur des soupçons. Je n'oublierai point, qu'en rendant à Cesar ce qui appartient à César, je dois rendre à Dieu ce qui appartient à Dieu.

J'ai déjà chargé quelqu'un de parcourir les archives de la Propagande, & de me procurer la correspondance de Sixte-Quint, mon illustre confrere & mon prédécesseur, avec Philippe II. J'exige, outre cela, qu'on me remette les chefs d'accusation, appuyés de témoignages qu'on ne puisse rejeter. Je deviendrai secrétement l'avocat de ceux dont on me demande la ruine, afin de chercher en moi-même tous les moyens de les justifier, avant de rien prononcer.

Le roi de Portugal est trop religieux, ainsi que les rois de France, d'Espagne & de Naples, pour ne pas approuver mon procédé.

Si la religion exige des sacrifices, toute l'église m'entendra, &....

Je voudrois bien que la providence ne m'eût pas réservé pour des temps aussi calamiteux ; car de quelque maniere que j'agisse, je ferai des mécontents, j'occasionnerai des murmures, & je me rendrai odieux à une multitude de personnes, dont j'envie l'estime & l'amitié.

Je me regarde comme ces prophêtes que Dieu suscitoit au milieu des tempêtes, & comme ces hommes que leur rang exposé au combat, quoiqu'ils n'aient que des vues de paix, mais qui par leur poste, se trouvent nécessairement obligés d'agir.

Tout est entre les mains de Dieu; qu'il dirige ma plume, ma langue, & mon cœur; je me soumettrai à tout, & je ferai tout ce qu'il faudra faire, sans en redouter les suites, &c.

LETTRE CXXXI.

A un religieux de ses amis.

SI vous me croyez heureux, vous vous trompez. Après avoir été agité tout le jour, je me réveille souvent au milieu de la nuit, & je soupire après mon cloître, ma cellule & mes livres. Aussi puis-je dire que je regarde avec envie votre position. Ce qui me rassure, c'est que le ciel lui-même m'a placé sur la chaire de S. Pierre au grand étonnement du monde entier; & que s'il me destine à quelque œuvre importante, il me soutiendra.

Je donnerois tout mon sang, Dieu le sait, pour que tout fût pacifié, pour que tout le monde rentrât dans son devoir, pour que ceux qui ont déplu voulussent se réformer, & qu'il n'y eût ni division ni suppression.

Je n'en viendrai aux dernieres extrémités, que pressé par de puissants motifs, afin que la postérité me rende au moins justice, au cas que mon siécle vînt à me la refuser. Ce n'est pas là ce qui m'occupe, mais bien l'éternité redoutable pour tout le monde, & surtout pour les papes.

Je vous ferai rendre ma réponse sur ce que vous me demandez; vous saurez que je n'oublie point mes amis, & que si je ne les vois pas aussi souvent qu'autrefois, c'est que les affaires & les sollicitudes me servent de sentinelles : on les trouve a ma porte, dans ma chambre, dans mon cœur.

Faites mention de moi à mes vieilles connoissances : je pense quelquefois à l'étonnement où elles ont dû être, en apprenant mon élévation.

Vous direz sur-tout à celui avec qui j'ai étudié, qu'il n'avoit pas bien prophétisé, quand il disoit à nos camarades que j'irois sûrement finir mes jours en France. Il n'y a pas d'apparence que cela se réalise, ou je serois donc destiné pour des choses bien extraordinaires. Je suis toujours votre affectionné, Clément.

A Castelgandolfe.

LETTRE CXXXII.

Au R. P. Aimé de Lamballe, général des capucins.

JE vous suis sincérement obligé des prieres que vous adressez au ciel pour ma conservation. J'en ai doublement besoin, comme particulier & comme chef de l'église. Je m'unis à toutes vos peines, à tous vos travaux, bien convaincu que vous souffrez en esprit de pénitence, & d'une maniere agréable à Dieu.

Si vous restez long-temps à Paris, comme je le crains, à raison de votre incommodité, vous aurez occasion d'y voir monsignor Doria, que j'aime de toute la plénitude de mon cœur, comme un prélat qui sera un jour la joie & l'honneur de l'église. Je vous vois au milieu d'un monde où il y a de grands vices & de grandes vertus ; & où, par une providence toute particuliere, le zele du roi très-chrétien & de toute la famille royale pour la religion, & la grande piété du prélat qui occupe le siege de Paris, arrêtent les progrès de l'incrédulité.

Amenez avec vous quelque religieux François, qui par sa science, honore ici sa nation. Les Dominicains penserent sagement, quand ils appellerent à la Minerve le P. Fabrici, votre digne compatriote, qui perpétue la gloire de son ordre par son érudition.

Si votre maladie ne vous empêche point d'aller rendre vos hommages à madame Louise, je vous charge de lui dire que je suis toujours dans l'admiration du sacrifice qu'elle a fait. Assurez tous vos confreres que je les aime sincérement dans notre Seigneur, que je les exhorte à vivre toujours d'une maniere digne de notre fondateur.

Je parlerai au cardinal de Bernis sur ce que vous desirez. On vous demande souvent en France de ses nouvelles, car je sais qu'il est aussi cher aux François qu'aux Italiens.

Je souhaite vous revoir en bonne santé ; & je suis tout à vous comme par le passé.

Signé, CLÉMENT XIV.
A Rome, ce 2 *avril* 1773.

LETTRE CIRCULAIRE

DE

CLÉMENT XIV,

A tous les patriarches, primats, archevêques & évêques, au sujet de son exaltation.

CLÉMENT XIV.

A nos vénérables freres, salut & bénédiction apostolique.

Quand nous considérons les devoirs du suprême apostolat, dont nous avons été revêtus, le poids d'un si grand fardeau nous accable ; & il nous semble, que tirés d'un repos d'une vie tranquille, nous avons été jettés en pleine mer, où nous sommes presque submergés par la violence des flots.

Mais c'est l'ouvrage du Seigneur, & nos yeux le voient avec admiration.

Les jugements impénétrables de Dieu, & non les conseils humains, nous ont chargés des plus redoutables fonctions de l'apostolat, lorsque nous étions bien éloignés d'y penser. Cette conviction donne une pleine confiance que celui qui nous a appellés aux soins pénibles du suprême ministere, viendra calmer nos craintes, aider notre foiblesse, & nous exaucer. Pierre qui doit être notre modele, fut rassuré par le Seigneur qui lui reprocha son peu de foi, lorsqu'il croyoit enfoncer dans la mer. Il n'y a pas de doute que notre divin chef, qui dans la personne du prince des apôtres, nous a confié les clefs du royaume des cieux, & nous a commandé de paître ses brebis, n'ait voulu que nous éloignassions de nous toute incertitude d'obtenir du secours. Nous nous soumettons donc sans réserve à celui qui est notre force & notre soutien, nous abandonnant à sa puissance & à sa fidélité. Il achevera en nous, par sa bonté, l'œuvre qu'il a commencée ; & notre bassesse même ne servira qu'à faire briller sa miséricorde aux yeux de tous les hommes, avec plus d'éclat ; car s'il a résolu d'accomplir dans ces temps malheureux, quelque chose pour l'utilité de son église, par le ministere d'un serviteur aussi inutile que nous, tous les hommes verront évidemment qu'il en est seul l'auteur & le consommateur, & que c'est à lui seul que la gloire en doit être rapportée. Mais plus le secours sur lequel nous comptons est puissant, plus nous voulons faire d'efforts pour y coopérer : plus l'honneur auquel nous avons été élevés est sublime, plus nous devons apporter de soins pour en remplir dignement les fonctions.

A mesure que nous jettons les yeux sur toutes les contrées du monde chrétien, nous vous appercevons, nos vénérables freres, comme partageant avec nous nos glorieux travaux ; & cet aspect nous remplit de consolation. nous reconnoissons en vous, avec la plus grande joie, de dignes coopérateurs, des pasteurs fideles, des ouvriers évangéliques. Aussi est-ce à vous que nous nous empressons d'adresser la parole, dès le commencement de notre apostolat ; c'est dans votre sein que nous voulons répandre les sentiments les plus intimes de notre ame ; & s'il paroît que nous vous fassions quelque exhortation, & que nous vous donnions quelque avis, ne les attribuez qu'à la défiance de nous-même, &

pensez qu'ils sont les effets de la confiance que nous inspirent vos vertus, & votre amour filial envers nous.

D'abord nous vous prions & supplions, nos vénérables freres, de demander continuellement à Dieu, qu'il fortifie notre foiblesse ; & c'est un retour de tendresse que nous avons droit d'attendre de vous. Priez pour nos besoins, comme nous prions pour les vôtres, afin que soutenus mutuellement, nous puissions être plus fermes & plus vigilants. Nous prouverons par l'union des cœurs, cette unité par laquelle nous ne faisons tous qu'un seul & même corps ; car toute l'église n'est qu'un seul édifice, dont le prince des apôtres a posé les fondements. Beaucoup de pierres ont été liées ensemble pour sa construction ; mais toutes sont appuyées sur une seule qui est Jesus-Christ même.

Chargés, comme son vicaire, de l'administration de sa puissance, nous sommes élevés par sa volonté à la place la plus éminente ; mais unis avec nous, comme avec le chef visible de l'église, vous êtes les principales parties de ce même corps. Il ne peut rien arriver aux uns, que les autres n'en soient affectés ; de même qu'il n'est n'eſt rien de tout ce qui peut vous intéreſſer, qui ne ſoit un objet de notre ſollicitude. C'eſt pourquoi, dans un parfait accord, animés du même eſprit qui, émané du chef ſuprême, & répandu dans tous les membres, leur donne la vie, nous devons principalement travailler pour que tout le corps de l'égliſe ſoit ſain & entier, & que, ne contractant ni rides ni taches, il fleuriſſe par la pratique de toutes les vertus chrétiennes. On peut y réuſſir avec le ſecours divin, ſi chacun, ſelon ſon pouvoir, s'enflamme de zèle pour la garde du troupeau qui lui eſt confié, ſi chacun s'applique avec ſoin à le garantir de toute ſéduction, & à lui procurer des inſtructions ſolides, & des moyens propres à le ſanctifier.

Il n'y eut jamais un temps où il fût plus néceſſaire de veiller au ſalut des ames. Chaque jour voit les opinions les plus capables d'ébranler la religion, ſe répandre de toutes parts, & des hommes en foule ſe laiſſer ſéduire par l'appas de la nouveauté. C'eſt un poiſon mortel qui s'inſinue dans toutes les conditions, & qui cauſe les plus cruels ravages.

Nouveau motif, nos vénérables freres, pour travailler avec plus d'ardeur que jamais à réprimer la fureur qui ose attaquer les loix les plus saintes, & outrager la divinité même.

Vous réussirez dans cette généreuse entreprise, non par les secours de la sagesse humaine, mais par la simplicité de la parole de Dieu, plus perçante qu'une épée à deux tranchants. Vous repousserez sans peine toutes les attaques de l'ennemi ; vous émousserez aisément tous ses traits, lorsque vous ne présenterez dans tous vos discours que Jesus-Christ, & Jesus-Christ crucifié. Il a bâti son église, cette cité sainte, & l'a munie de ses loix & de de ses préceptes. Il lui a confié la foi qu'il est venu établir, comme un dépôt qu'elle doit garder religieusement & dans toute sa pureté. Il a voulu qu'elle devînt le rempart inexpugnable de sa doctrine & de sa vérité, & que les portes de l'enfer ne prévalussent jamais contre elle. Préposés au gouvernement & à la garde de cette cité sainte, conservons donc soigneusement, nos vénérables freres, le précieux héritage de la foi de notre saint fondateur, & divin maître, que nos peres nous ont transmis dans toute son intégrité, afin que nous le transmettions de même à nos descendants. Si nos actions & nos conseils sont conformes à cette regle, consignée dans les livres saints, si nous marchons sur les traces de nos peres, qui ne peuvent nous égarer, assurons-nous que nous serons assez forts pour éviter toute fausse démarche, capable d'affoiblir la foi du peuple chrétien, ou d'entamer en quelque point l'unité de l'église. Ne puisons que dans l'écriture & dans la tradition ce qu'il nous importe de connoître & d'observer ; ce sont les sources sacrées de la divine sagesse, & c'est là qu'on trouve tout ce qu'on doit croire & pratiquer ; ce qui concerne le culte, la discipline, la maniere de bien vivre, est renfermé dans ce double dépôt. Nous y verrons la profondeur de nos sublimes mysteres, les devoirs de la piété, les regles de la justice & de l'humanité. Nous nous y instruirons de ce qu'on doit à Dieu, à l'église, à la patrie, au prochain, & nous reconnoîtrons qu'il n'y a point de loix qui établissent mieux que la vraie religion, le droit des nations & sociétés. Aussi n'a-t-on jamais attaqué la doctrine de Jesus-Christ, sans troubler la tranquillité des peuples, sans altérer l'obéissance due aux souverains, & sans répandre de toutes parts le trouble & la confusion.

Il y a une telle liaison entre les droits de la majesté divine & ceux des princes de la terre, que, lorsqu'on observe les loix du christianisme, on obéit aux souverains sans réserve, on respecte leur puissance, & l'on chérit leur personne.

Nous vous exhortons, en conséquence, nos vénérables freres, autant qu'il est en nous, de bien inculquer dans l'esprit des peuples qui vous sont confiés, l'obéissance & la soumission envers les souverains ; car parmi les commandements de Dieu, celui-ci est spécialement nécessaire pour maintenir l'ordre & la paix. Les rois n'ont été élevés au rang éminent qu'ils occupent, que pour veiller au salut & à la sûreté publique ; que pour contenir les hommes dans les bornes de la sagesse & de l'équité. Ils sont les ministres de Dieu pour faire observer la justice, & ils ne portent le glaive, que pour exécuter la vengeance de Dieu, en punissant quiconque s'écarte de son devoir. Ils sont encore outre cela les enfants les plus chéris de l'église,

& ses protecteurs ; & c'est à eux qu'il appartient de maintenir ses droits, & de défendre ses intérêts. Ayez donc soin qu'on fasse comprendre aux enfants mêmes, dès qu'ils seront susceptibles de raison, que la fidélité envers les souverains doit être inviolablement gardée, qu'on doit se soumettre à leur autorité, observer leurs loix, non-seulement par la crainte 'du châtiment, mais encore par le devoir de la conscience.

Quand vous aurez, par votre application & par votre zele ainsi disposé l'esprit des sujets à obéir aux rois, à les respecter & à les aimer de toute la plénitude de leur cœur, alors vous aurez travaillé efficacement à la tranquillité des citoyens, & à l'avantage de l'église, car l'un est inséparable de l'autre. Mais pour vous acquitter de ce devoir avec un succès infaillible, vous joindrez au prieres que vous faites journellement pour les peuples, des prieres particulieres pour les rois, afin d'obtenir de Dieu leur conservation, leur prospérité, & la grace qui leur est nécessaire pour gouverner selon la sagesse & avec équité.

C'est ainsi qu'en travaillant au

bonheur de tous les hommes, vous remplirez dignement les fonctions de votre saint ministere ; car il est juste & convenable que les pontifes, qui ont été établis pour les hommes, dans ce qui concerne le culte de Dieu, présentent à Dieu les vœux de tous les fideles, suppliant sans cesse le Seigneur qu'il soutienne & qu'il affermisse celui qui veille à la tranquillité publique, & à la conservation de tous les citoyens.

Il seroit sans doute superflu de rappeller ici toutes les autres obligations que vous impose la dignité pastorale. Vous êtes pleinement instruits de tous les devoirs qu'exige la religion chrétienne, vivant dans l'heureuse pratique de toutes les vertus : car vous ne manquez pas d'avoir continuellement sous les yeux Jesus - Christ même, notre chef, le prince de tous les pasteurs, & d'exprimer en vous le parfait modele de charité, de sainteté & d'humilité. Nos travaux, nos pensées ne peuvent avoir un objet plus glorieux & plus excellent que celui qui, la splendeur de la gloire de son pere, & le caractere de sa substance, a bien voulu nous élever à la qualité d'enfants de Dieu, par adoption, & nous faire ses cohéritiers. C'est le moyen de conserver l'union & l'alliance des hommes avec Jesus-Christ, & d'imiter ce divin modele de patience, de douceur & d'humilité. C'est pourquoi il est dit : *Montez sur une haute montagne, vous qui annoncez l'évangile à Sion.*

Si vous avez un desir ardent de vous conformer à ces devoirs, il n'est pas possible que cette sainte ardeur ne passe de votre cœur dans celui de tous les peuples, & qu'ils n'en soient vivement enflammés : car l'exemple du pasteur a une vertu & une force étonnante pour remuer l'ame des fideles qui lui sont confiés. Lorsqu'ils appercevront que toutes ses pensées & toutes ses actions sont réglées sur le modele de la vraie vertu, lorsqu'ils les verront éviter tout ce qui pourroit ressentir la dureté, la hauteur, la fierté ; ne s'occuper que des œuvres qu'inspirent la charité, la douceur, l'humilité : alors ils se sentiront vivement animés à suivre des exemples si admirables & si édifiants.

Quand on est convaincu qu'un pasteur s'oublie soi-même pour se rendre utile aux autres, qu'il se plait singuliérement à soulager les indigents, qu'il aime à consoler les affligés, à instruire les ignorants ; qu'il fait ses délices de les aider de ses bons offices & de ses conseils ; qu'enfin tout annonce en lui une parfaite disposition à donner sa vie pour le salut de son peuple : alors chacun frappé de ses vertus, touché de ses exemples, rentre en soi-même & se corrige de ses défauts. Mais si un pasteur, au contraire, uniquement attaché à ses propres intérêts, préfere les biens de la terre à ceux du ciel, comment pourra-t-il engager ses ouailles à n'aimer que Dieu, & à se rendre service les uns aux autres ? S'il soupire après les richesses, après les plaisirs, après les honneurs, comment pourra-t-il leur en inspirer le mépris ? S'il est fastueux, enflé d'orgueil, comment persuadera-t-il la douceur & l'humilité ?

Puis donc que vous êtes chargés, nos vénérables freres, de former les peuples selon les maximes de Jesus-Christ, votre premier devoir est de vivre dans la sainteté, la douceur, l'innocence des mœurs dont il nous a donné l'exemple. Assurez-vous bien que vous ne ferez un digne usage de votre autorité, qu'en aimant mieux

donner des preuves de m... ... ...
charité, qu'en fai... ... ...
marques de votre dign... ... ...
principe que si v... ... ...
sen pu...eulement des devoirs qui vous
font imposés, vous serez comblé de
gloire & de bonheur ; & qu'au contraire, si vous les négligez, vous vous
couvrirez de honte, & vous vous préparerez les plus grands malheurs. Ne desirez donc point d'autres richesses, que
de gagner à Dieu les ames qu'il a rachetées de son propre sang : ne recherchez point d'autre gloire, que celle
de vous consacrer totalement au Seigneur, pour travailler sans relâche à
étendre son culte, à relever la beauté
de sa maison, à extirper les vices, à
cultiver les vertus. Tel doit être le seul
objet de vos pensées, de vos desirs,
de vos actions, de votre ambition. Et
ne pensez pas, nos vénérables freres,
qu'après avoir passé long-temps dans
ces pénibles travaux, il ne vous restera plus de quoi exercer votre vertu.
Telle est la nature de notre ministere,
telle est la condition d'un évêque, c'est
qu'il ne doit jamais voir de terme à ses
sollicitudes & à ses soins, c'est qu'il
ne peut jamais se permettre de repos.

car ceux dont la charité ne doit point connoître de bornes, n'en doivent point mettre à leur activité. L'attente d'une récompense éternelle est bien capable d'adoucir toutes les peines.

Eh ! qu'est-ce qui pourroit paroître difficile à ceux qui ne perdent point de vue ce bonheur ineffable que le Seigneur partagera avec tous ceux qui auront fidellement gardé & multiplié son troupeau, quand il viendra leur demander compte de leur administration ? Outre cette espérance si précieuse, si douce, vous éprouverez, dans les travaux mêmes de la vie épiscopale, des joies & des consolations qu'on ne peut exprimer. Quand Dieu seconde nos efforts, nous voyons les peuples s'unir étroitement par le lien d'une charité réciproque, se distinguer par leur innocence, par leur candeur, par leur piété ; nous voyons une multitude d'excellents fruits que nos veilles, nos fatigues, nos sueurs, font croître dans le champ de l'église.

Puissions-nous, par un concert unanime de volonté, de zele, d'application, puissions-nous, nos très-chers & vénérables freres, faire revivre, dans le temps de notre apostolat, cet état floriffant de la religion, & lui rendre toute la beauté de fon premier âge ! Puiffions-nous vous en féliciter, & nous en réjouir avec vous dans le Seigneur ! Qu'il daigne, ce Dieu de miféricorde, nous foutenir par le fecours de fa grace, & remplir nos cœurs de tout ce qui lui eft agréable.

En gage de notre charité, nous vous donnons, avec toute l'affection poffible, & à tous les fideles de vos églifes, la bénédiction apoftolique.

A Rome, à Sainte Marie-Majeure, le douziéme jour de décembre, l'an 1769, & le premier de notre pontificat.

LETTRE

A LOUIS XV, roi très-chrétien, sur l'irréligion.

Nous ne connoissons rien de plus propre à enflammer votre zele, que le motif qui nous engage à vous écrire. Il ne s'agit point ici de nos intérêts personnels, mais de ceux-mêmes de la religion. Si nous sommes assurés de votre royale protection pour nous-même, nous avons bien plus lieu de croire que vous l'accorderez à des instances qui n'ont d'autre objet que les avantages de l'église.

C'est la cause commune de Dieu, & du christianisme, que nous vous déférons, notre très-cher fils en Jesus-Christ Nous ne voyons qu'avec la plus profonde douleur le culte établi par le législateur suprême attaqué depuis long-temps par des hommes impies, qui ne cessent de diriger contre lui les traits sacrileges de leur esprit pervers. On diroit qu'ils ont fait une conspiration générale, pour renverser de fond en comble, par les efforts les plus audacieux, ce qu'il y a de plus vénérable & de plus sacré. Ils ne rougissent pas de produire chaque jour une foule d'écrits, monument éternel de leur folie, pour détruire jusqu'aux premiers principes des bonnes mœurs, pour rompre les liens des toutes les sociétés, & pour séduire les ames simples, par le funeste talent qu'ils ont de semer avec intérêt leurs dogmes pervers.

L'étonnante rapidité de leurs progrès nous persuade qu'il n'y a pas d'affaire plus importante & plus pressée, que d'opposer une digue à ce torrent.

Il ne suffit pas d'ôter des mains des lecteurs tous les ouvrages empoisonnés qui sortent de cette horrible école, il faut encore que le zele des evêques nos vénérable freres, vienne à notre secours, afin que réunissant nos forces, nous puissions combattre d'un commun accord les différents ennemis de la religion, & la venger des outrages qu'on lui fait journellement.

Nous voyons à cette occasion avec une joie inexprimable, que les prélats du vaste & florissant empire de votre majesté, maintenant assemblés à Paris pour les affaires du clergé, entrent parfaitement dans nos vues, & que leur sollicitude pastorale les engage à mettre tout en œuvre pour arrêter les ravages de l'incrédulité : nous avons une ferme confiance, qu'en travaillant comme ils vont faire pour la cause de Dieu, ils recevront abondamment l'esprit de conseil & de force. Ce n'est pas une petite consolation pour nous, de les voir se porter d'eux-mêmes avec la plus vive ardeur à remplir un devoir aussi intéressant.

Mais s'ils ont besoin de la protection du très-haut, ils ont aussi droit d'attendre de vous, notre très-cher fils, les secours nécessaires pour seconder & couronner leurs travaux. Aussi vous prions-nous, autant qu'il est en nous, de les favoriser dans tout ce qu'il feront pour la religion, & de les soutenir avec vigueur ; alors ils donneront efficacement des preuves du zele qui les anime, non-seulement pour le salut des fideles, mais pour l'avantage temporel de leur patrie, ainsi que pour votre personne sacrée ; car la religion étant le plus ferme appui des trônes, on contient facilement dans l'obéissance, due aux rois, les peuples qui obéissent à Dieu.

D'où il est facile de voir que nos soins & nos sollicitudes, ne tendent pas moins à affermir votre autorité royale, qu'à maintenir les intérêts de Dieu. Les sociétés humaines sont bien plus redevables de leur conservation & de leur sûreté à l'exercice du vrai culte & à la stabilité de la doctrine révélée, qu'à la force des armes, ou à l'abondance des richesses.

Le vrai moyen d'attirer sur votre personne sacrée, sur les princes & princesses de votre sang, les effets les plus précieux de la miséricorde divine, c'est de maintenir publiquement la foi & la piété dans leur intégrité. En cela vous posséderez éminemment l'art de régner, cet art par lequel vos ancêtres se montrerent toujours rois très-chrétiens ; & vous soutiendrez votre gloire & la leur, ajoutant sans cesse à leur exemple les marques les plus éclatantes de votre religion.

Cet objet exigeroit sans doute que nous en traitassions plus amplement ; mais la haute opinion que nous avons de votre piété, vraiment royale, nous fait regarder comme superflu un plus long discours sur ce sujet.

Dans la ferme confiance que votre majesté nous accordera ce que nous lui demandons, avec autant de zele que de justice, nous prions le tout-puissant par qui vous régnez, qu'il vous conserve long temps, ainsi que votre auguste famille, & nous vous donnons, avec toute la tendresse dont nous sommes capables, notre bénédiction apostolique. Puisse-t-elle être un heureux présage de la grace & de la félicité que nous vous souhaitons !

A Rome, *ce* 21 *mars* 1770.

LETTRE

A madame LOUISE DE FRANCE.

CLÉMENT XIV.

Notre très-chere fille en Jesus-Christ, salut.

IL nous semble que les travaux les plus pénibles de l'apostolat, dont nous avons été revêtus, n'ont plus rien que de doux & de léger, depuis que nous avons appris votre sainte & généreuse résolution. Vous ne pouviez rien entreprendre de plus grand, rien de plus sublime que d'échanger la pompe d'une cour royale pour l'abjection d'une maison religieuse. Soit que nous considérions la pieuse condescendance de notre très-cher fils en Jesus-Christ, Louis, votre auguste pere le roi très-chrétien, qui vous permet d'accomplir un pareil sacrifice; soit que nous envisagions les précieux avantages qui doivent en résulter pour le bien de l'église, nous ne pouvons contenir notre joie & notre admiration.

Graces soient à jamais rendues à Dieu, l'auteur de tout bien, de ce qu'il a voulu donner dans votre personne, un exemple aussi frappant à tous les princes, & à toutes les nations; de ce qu'il a daigné consacrer notre pontificat par une époque aussi glorieuse. C'est un sujet de félicitation pour nous-mêmes comme pour vous. Eh! comment ne serions-nous pas ravis à la vue des abondantes richesses dont le Seigneur vient de vous combler, & de cette force toute divine qui, après les plus mûres réflexions, vous fait embrasser un genre de vie, qu'on peut appeler une ébauche du ciel? Il n'y a que Dieu lui-même, qui ait pu vous inspirer un si généreux dessein. Vous avez compris, à la faveur de sa lumiere, que toutes les grandeurs du monde ne sont que de foibles vapeurs; tous ses plaisirs, que des illusions; toutes ses promesses, que des mensonges; que l'ame enfin ne peut trouver sa paix que dans le doux exercice de l'amour de Dieu, & que vous ne regneriez qu'en servant lui seul.

C'est maintenant, dans le port où

vous êtes, qu'à l'abri des écueils & des naufrages vous allez jouir de la plus délicieuse tranquillité, goûter plus que jamais les saintes & divines voluptés, qui sont le partage des amis de Dieu. Quand on fait triompher du monde, on possede les plus grandes richesses au milieu de l'indigence. On trouve dans le renoncement à soi-même, la vraie liberté; la grandeur & la gloire dans les abaissements de la plus profonde humilité. Rien n'est comparable au bonheur de concentrer toutes ses pensées, tous ses desirs dans le sein de Dieu; de vivre avec lui seul, de s'enflammer de son amour, de n'avoir d'autre espérance que celle de le posséder pour toujours.

Que votre courage augmente, notre très-chere fille, à proportion des graces que le Seigneur verse sur vous à pleines mains. Persévérez de toutes vos forces dans le noble dessein que vous avez formé de tendre & de parvenir à la sainteté. Occupez-vous continuellement de celui que vous vous êtes proposé d'aimer & de servir tous les jours de votre vie; pensez que la récompense qui fait l'objet de vos desirs est infinie, & que les fruits que vous attendez sont incorruptibles. Par-là vous changerez vos travaux en délices, & vous goûterez par avance les douceurs de la célefte patrie.

Plus nous réfléchiffons fur la généreufe démarche que vous venez de faire, plus nous nous réjouiffons, dans l'efpoir que ce magnifique exemple fera naître chez plufieurs perfonnes l'envie de l'imiter. Vous ne manquerez pas de vous rappeller que, le roi votre tendre pere ayant facrifié jufqu'au plaifir qu'il avoit de vivre avec vous, pour ne pas s'oppofer à votre vocation, vous devez mettre tout en œuvre, afin de lui témoigner un jufte retour. Le feul moyen de vous en acquitter, fera de demander continuellement à Dieu, qu'il le rende heureux dans cette vie & dans l'autre.

Votre zele pour l'églife, qui nous eft très-connu, ainfi que votre refpectueux attachement pour le faint fiege, font de nouveaux motifs de joie & de confolation : car nous fommes perfuadés que vous préfenterez continuellement à Dieu & nos befoins particuliers & ceux de la religion. Nous vous offrons en reconnoiffance de ces bons offices, tous les avantages que vous pouvez attendre de notre tendreffe paternelle. Rien ne

CLÉMENT XIV. 213

peut répondre à l'extrême desir que nous avons de seconder vos pieuses intentions, & de favoriser la ferveur avec laquelle vous marchez dans les sentiers de la vertu. Ainsi, quoique nous soyons intimément convaincus de votre zele & de votre persévérance, nous donnons volontiers à votre confesseur, présent & futur, le pouvoir d'adoucir votre regle, & même de vous en dispenser, dans tous les cas où votre foiblesse ne pourroit correspondre à votre courage. Nous vous accordons outre cela, en vertu de notre autorité apostolique, une indulgence pleine & entiere, toutes les fois que vous approcherez de la table sacrée ; &, pour vous témoigner encore plus notre affection, nous concédons la même grace à nos saintes filles en Jesus-Christ, vos dignes compagnes, & nous les rendons participantes, ainsi que vous, de notre bénédiction apostolique.

Donné à Rome, le 9 mai 1770, la premiere année de notre pontificat.

LETTRE

A LOUIS XV, roi très-chrétien, touchant la prise d'habit de madame LOUISE.

Notre très-cher fils en Jesus-Christ, salut.

IL est juste qu'en même-temps que nous écrivons à notre très-chere fille en Jesus-Christ, la princesse Louise-Marie, pour la féliciter sur la grandeur de son sacrifice, nous répandions notre joie dans le sein paternel de votre majesté. Vous nous causez des transports d'alégresse d'autant plus vifs, que vous avez la plus grande part à une action si éclatante & si admirable; mais ce qui remplit notre ame d'une satisfaction infinie, c'est qu'après avoir applaudi à la généreuse démarche de votre auguste fille, vous avez encore montré un courage extraordinaire, en vous séparant d'elle, malgré ses précieuses qualités qui vous la rendoient si chere. Dès que vous avez cru entendre la voix de la religion, vous avez étouffé le cri de la nature, & vous n'avez plus vu qu'une future épouse de Jesus-Christ dans celle qui étoit votre fille bien-aimée. Ainsi vous avez ouvert vous-même le chemin du ciel à une pieuse princesse qui desiroit y entrer avec ardeur, & vous avez contribué par votre généreux consentement à la mettre à l'abri des dangers qui environnent la vie humaine, & des flots tumultueux qui l'agitent.

Je la vois, dans la sainte retraite qu'elle s'est choisie, apprendre au monde entier, qu'il n'y a rien de plus fragile & de plus vain que tous les délices & toutes les grandeurs de cette vie ; qu'il est nécessaire de ne les regarder que comme des écueils, d'autant mieux qu'elles deviennent les causes lamentables d'une multitude de maux, en mettant obstacle à l'acquisition d'un bonheur éternel.

La part que vous avez à une si belle action, doit vous donner la plus grande confiance dans les prieres de votre illustre fille ; elle ne cessera de recommander au Seigneur votre auguste personne, votre famille royale, votre royaume entier, &, ce qui doit singuliérement intéresser votre majesté, le salut de votre ame. C'est une puissante intercession que vous vous êtes ménagée auprès du Tout-Puissant. Ainsi il vous importe extrêmement de retirer tout le fruit possible d'un événement que la providence a permis pour votre propre bien.

Nous souhaitons de toute la plénitude de notre cœur, que vous receviez ici les témoignages de notre affection, comme les doux épanchements d'un pere qui vous aime tendrement, & qui n'est pas moins jaloux de votre gloire & de votre félicité, que de la sienne propre. Pour vous en convaincre, nous vous donnons le plus affectueusement qu'il est possible, notre très-cher fils en Jesus-Christ, notre bénédiction apostolique, comme une preuve indubitable de l'amour singulier que, &c.

Donné à Rome le 9 mai 1770, la premiere année de notre pontificat.

SECONDE

SECONDE LETTRE

A LOUIS XV, roi très-chrétien, sur le même sujet.

Aprés avoir félicité votre majesté par notre lettre du 9 mai dernier sur le courage héroïque avec lequel la princesse Louise, votre auguste fille, devoit embrasser la vie religieuse ; après lui avoir témoigné toute la plénitude de notre joie à ce sujet, nous ne pouvons nous empêcher de vous exprimer encore aujourd'hui, qu'elle est notre alégresse, & quels sont nos transports à l'approche d'un pareil sacrifice. Son zele est si ardent, qu'il ne peut plus souffrir aucun délai, & qu'elle se sent embrasée du desir de se voir revêtue du saint habit des carmélites, des mains de notre vénérable frere Bernardin, archevêque de Damas, notre nonce ordinaire auprès de votre majesté.

Dès la premiere nouvelle que nous eûmes de son géréreux dessein, nous reconnûmes que l'esprit de Dieu agissoit d'une maniere toute merveilleuse sur l'ame de cette augufte princeffe, & nous nous fentîmes preffés du plus grand defir d'aller faire nous-mêmes en perfonne la cérémonie de la vêture, dont notre nonce doit s'acquitter, & d'augmenter par-là l'éclat & la célébrité d'un auffi grand jour. Mais la diftance des lieux nous rendant la chofe impoffible, nous accompliffons nos defirs en partie, en chargeant le nonce, notre fufdit frere, de cette augufte fonction : nous paroîtrons y affifter en quelque forte nous-mêmes, & conduire notre très-chere fille en Jefus-Chrift aux noces de fon divin époux. Nous vous prions d'agréer les lettres que nous avons adreffées à ce fujet au nonce qui nous repréfentera ; & nous nous perfuadons que vous y acquiefcerez d'autant plus volontiers, que ces difpofitions n'ont pas d'autre principe que notre zele & notre affection pour votre majefté.

Recevez comme un gage certain de ces fentiments, & comme le préfage heureux des bénédictions divines, notre bénédiction apoftolique. Nous vous la donnons avec toute la tendreffe d'un pere, ainfi qu'à tous vos auguftes enfants; & fur-tout à la pieufe princeffe qui fait le sujet mémorable de notre commune alégresse.

Donné à Rome, le 18 juillet 1770, la seconde année de notre pontificat.

SECONDE LETTRE

A madame LOUISE DE FRANCE.

Notre très-chere fille en Jesus-Christ, salut.

ENFIN il approche ce jour, de votre vie le plus glorieux & le plus fortuné, jour où, par les liens les plus intimes & les plus sacrés, vous allez devenir l'épouse de Jesus-Christ même, & lui dévouer toutes vos actions, tous vos desirs & toutes vos pensées.

Nous fûmes transportés de joie, & nous applaudîmes à votre magnanimité, dès l'instant que foulant aux pieds les vanités du siécle, vous renonçâtes aux délices de la cour la plus brillante, pour vous confiner dans l'obscurité du cloître, & pour y faire l'apprentissage de la vie la plus humble, & la plus mortifiée; mais votre profession publique, par laquelle vous allez rendre le ciel & la terre témoins de votre généreux sacrifice, met le comble à notre joie. N'oubliez jamais que le Seigneur, en vous appellant du sein des grandeurs, pour vous faire vivre à l'ombre de la croix, vous avoit marquée du sceau des prédestinés. Plus vous occupiez dans le monde un rang éminent, plus ce bienfait est signalé, & plus votre ame doit être pénétrée d'amour & de reconnoissance.

Toutes les fêtes du siécle n'ont rien de comparable avec ce grand jour, où, docile aux inspirations de la grace, vous allez vous abandonner toute entiere à la conduite de Dieu, & le prendre solemnellement pour votre héritage.

Plût au ciel, notre très-chere fille, qu'il nous fût possible d'assister en personne à cette auguste cérémonie, & d'être non-seulement le témoin, mais encore le ministre d'un sacrifice aussi héroïque! Cependant, quoique ce bonheur nous soit refusé, nous ne laisserons pas d'en jouir autant qu'il nous sera possible, en nous faisant représenter par notre vénérable frere l'archevêque de Damas, notre nonce ordinaire. Ce fut déjà par ses mains que nous vous revêtimes de l'habit sacré ; ce sera encore par les siennes que nous recevrons vos vœux ; & pour que rien ne manque à la solemnité d'un si grand jour, nous le chargeons de vous faire part de tous les trésors de l'église.

Nous ne doutons pas que vous ne répondiez à toutes les marques de notre tendresse paternelle, en avançant de plus en plus dans la carriere où vous êtes entrée, par la pratique constante de toutes les vertus, & sur-tout celle de l'humilité. C'est elle qui vous apprendra que vous ne pouvez vous glorifier de rien ; que vous tenez tout de Dieu ; que vous devez vous défier continuellement de vos propres forces, ne point vous appuyer sur vos mérites, mais uniquement sur sa grace toute-puissante, & vous croire en même temps capable de tout en celui qui vous fortifie, ne cessant jamais de recourir à sa miséricorde infinie.

Ces sentiments, profondément gravés dans votre ame, répandront la modestie chrétienne sur tout votre extérieur ; & à l'ombre de cette humilité, l'amour divin s'enracinera dans votre cœur, & fera germer les fruits les plus utiles & les plus abondants.

Ce n'est point en forme d'avis que

nous vous parlons de la forte, penfant que vous n'en avez pas befoin ; mais pour vous rendre encore plus précieux le genre de vie auquel Dieu vient de vous appeller.

Vous vous ferez fûrement un devoir capital de témoigner en toute occafion la plus vive reconnoiffance à votre augufte pere, lui qui vous aime fi tendrement, & qui a tout fait pour vous ; vous ne cefferez de demander à Dieu qu'il le conferve, qu'il faffe profpérer fon royaume, ainfi que fon augufte famille ; & qu'il lui accorde fur-tout l'éternelle félicité.

Quant à nous, s'il nous eft permis de réclamer les droits que nous donne notre tendreffe, nous vous conjurons d'attirer fur notre perfonne, comme étant votre pere en Jefus-Chrift, les regards favorables du Seigneur, & de le prier fans ceffe pour l'églife confiée à notre follicitude & à nos foins. Maintenant que vous lui êtes plus intimément attachée, vous devez vous intéreffer plus que jamais à tout ce qui concerne fon avantage & fa gloire. Soyez perfuadée de votre côté que nous demanderons continuellement à Dieu qu'il béniffe vos pieufes réfolutions, & qu'il vous fasse croître de plus en plus dans son saint amour.

Recevez pour gage de notre affection paternelle notre bénédiction apostolique; nous vous la donnons de tout notre cœur, ainsi qu'à tout l'ordre des carmélites, auquel vous allez être pour toujours associée.

Donné à Rome, à sainte Marie-Majeure sous l'anneau du pêcheur, le quatorze août mil sept cent soixante & onze, la troisième année de notre pontificat.

LETTRE

A Mgr. Bernardin Girault, *archevêque de Damas, nonce auprès de S. M. très-chrétienne.*

Vénérable frere, salut & bénédiction apostolique.

Nous avons appris que la princesse Louise-Marie de France, notre tres-chere fille en Jesus-Christ, retirée au monastere des carmélites-déchaussées de saint Denis, desire avec la plus vive ardeur embrasser leur saint institut, & que pour satisfaire plus pleinement sa dvotion, elle doit recevoir l'habit de vos mains, comme étant supérieur de l'ordre. Quand je me représente cette princesse, née au milieu des délices & des grandeurs, enfin à la cour la plus brillante de l'univers, se dévouer à la vie la plus austere & la plus retirée, je ne puis qu'admirer & reconnoître en même temps l'impression de l'esprit saint, qu'on doit appeller un miracle du Très-Haut. Nous en sommes si vivement pénétrés, que pour répondre aux sentiments inexprimables du zele qui nous anime, & de la joie qui nous transporte, nous vous chargeons de faire cette cérémonie en notre nom.

Ainsi pour donner à cette sainte & célebre fonction tout l'éclat qu'elle mérite, & toute la solemnité dont elle est susceptible, nous vous députons spécialement, notre vénérable frere, & nous vous commettons pour vous en acquitter en notre place.

Cela nous intéressera d'autant plus vivement, que nous croirons y être présents, & voir de nos propres yeux les saints transports avec lesquels notre très-chere fille en Jesus-Christ s'unira de tout son cœur au céleste époux.

Desirant outre cela augmenter la joie commune de l'ordre, & la rendre plus complette, en faisant part à toutes celles qui le composent, des trésors spirituels de l'église, par un effet de notre bienveillance, nous accordons les indulgences plénieres à toutes les carmélites-déchaussées du royaume de France qui, au jour même de la prise d'habit, participeront aux sacrements de pénitence & d'eucharistie, imploreront la clémence du Tout-Puissant, pour l'exaltation de la sainte église catholique, pour notre très-cher fils en Jesus-Christ, Louis roi de France très-chrétien, pour ses enfants, pour la famille royale, & particuliérement pour la princesse qui fait aujourd'hui le sujet de notre joie, & qui va commmencer le noviciat de l'état le plus austere & le plus sacré, afin que comblée de jour en jour de nouvelles graces, elle soit encore plus l'ornement de son ordre par la régularité de sa vie, que par la splendeur de son nom ; & vous, notre vénérable frere, nous vous mandons d'informer en diligence toutes les personnes qui y sont intéressées, de la faveur salutaire dont nous voulons bien les gratifier ; & pour marque de notre bienveillance pontificale, nous vous donnons, &c.

A Rome, ce 18 juillet 1770, la deuxiéme année de notre pontificat.

LETTRE

Au roi très-chrétien.

Notre très-cher fils en Jesus-Christ, salut.

Toutes les fois que nous pensons à votre illustre fille, Louise-Marie de France, qui en Jesus-Christ, est aussi la nôtre, nous bénissons Dieu de ce qu'il l'a si saintement inspirée. Nous avons continuellement devant les yeux le grand exemple qu'elle donne à l'univers; exemple qui fait l'honneur de ce siécle, & qui fera l'admiration de la postérité. Plus le moment du sacrifice approche, plus nous redoublons nos prieres, & plus nous desirons épancher dans votre cœur les sentiments qui nous attachent à votre personne, en vous rendant le tribut de louanges qui vous est dû, pour la part que vous avez au grand événement dont l'église va être le témoin.

Vous ne pouviez sans doute mieux

faire, que de vous aſſurer un appui dans les prieres & les vœux de celle qui eſt totalement dévouée à votre perſonne, & entiérement agréable à Dieu. C'eſt en cela que votre ſageſſe éclate autant que votre religion ; & c'eſt ce qui nous perſuade en même temps que la bonté divine vous fera recueillir les plus grands avantages d'un auſſi favorable événement. Nous vous en félicitons de tout notre cœur, & nous applaudiſſant nous-mêmes, de ce que notre liaiſon avec notre très-chere fille en Jeſus-Chriſt va devenir plus étroite que jamais. Notre plus grand deſir ſeroit de reſſerrer encore davantage ces nœuds, en préſidant à la cérémonie dont nous voyons les approches, & en recevant entre nos mains les vœux ſolemnels que la piété la plus tendre va prononcer.

Nous en ſommes d'autant plus pénétrés, que ce ſeroit la plus heureuſe occaſion de vous entretenir, de vous embraſſer, de vous montrer ſur notre viſage même, & dans nos yeux, les ſentiments que vous nous inſpirez. Alors notre tendreſſe paternelle, notre charité paſtorale venant à éclater, vous aſſureroient de la maniere la plus forte de toute notre affection. Mais hélas ! nous sommes malheureusement réduits à n'avoir cette satisfaction qu'en idée.

Quant aux autres avantages, nous avons tâché de nous les procurer, malgré notre absence, ayant choisi pour nous suppléer notre vénérable frere l'archevêque de Damas, lui ayant même donné à cet effet le pouvoir le plus spécial & le plus étendu, ainsi que nous en avons déjà usé lorsque nous le chargeâmes de nous représenter à la cérémonie de la prise d'habit.

Instruits comme nous sommes que votre majesté fut alors satisfaite de la maniere dont nous avions disposé les choses pour la vêture de notre auguste princesse, nous nous flattons que vous approuverez également aujourd'hui les mêmes dispositions.

Ainsi nous vous prions instamment de vous prêter à nos vues avec la bonté qui vous est ordinaire, en nous laissant la consolation de nous voir encore suppléer par celui qui nous représente. Recevez comme la meilleure preuve que nous puissions vous donner de notre attachement, notre bénédiction apoftolique, qui comme le gage de toutes les bénédictions du ciel, s'étendra fur toute votre augufte race, & fur tout votre royaume, fi nos vœux font exaucés.

Donné à Rome, à fainte Marie-Majeure, fous l'anneau du pcheur, le 14 août 1771, la troifiéme année de notre pontificat.

LETTRE

Au Duc de Parme.

IL nous feroit difficile de bien vous rendre toute la joie que nous a causé votre lettre, où nous avons trouvé les sentiments de la plus tendre affection. Nous sommes d'autant plus charmés de recevoir aujourd'hui des marques de votre amitié, que nous vous avons toujours été singuliérement attachés, & que nous n'avons pas cessé de nous intéresser à tout ce qui vous concerne.

Nous vous félicitons en même-temps de ce que vous avez reçu avec toute la bienveillance possible les témoignages de notre amitié, au sujet de l'illustre rejetton qui sera un jour l'héritier de vos vertus, & les marques de notre reconnoissance pour l'ardeur avec laquelle vous avez travaillé à notre réconciliation avec le roi très-chrétien. Par-là vous avez mis le comble à votre piété envers le saint siege, & vous avez fait une démarche aussi glorieuse que méritante. La médiation que vous devez employer auprès de nos chers fils en Jesus-Christ, les rois très-vertueux, vos aïeul, oncle & cousin, pour les engager à effacer jusqu'aux moindres traces des anciennes mésintelligences, & à nous remettre les domaines d'Avignon, de Bénevent & de Porte-Corvo, ne peut manquer d'être très-efficace. Vous nous avez rendu justice, en paroissant convaincu de notre amour extrême pour la paix & pour la concorde, particuliérement avec les augustes souverains de la maison de bourbon, qui ont toujours si bien mérité de nous, de la chaire de S. Pierre, & de toute l'église en général. Nous n'avons jamais douté que la religion & la sagesse de ces mêmes souverains ne leur inspirassent des sentiments aussi pacifiques que les nôtres. Nous concevons les plus fortes espérances de votre médiation, à raison de vos vertus royales, & de l'amour que vous portent avec raison vos augustes parents. Ils se prêteront avec d'autant plus d'empressement à seconder vos bons desseins, qu'ils seront charmés de voir renaître la paix & l'harmonie de la source même d'où procédoit le sujet de la mésintelligence & de la désunion. Nous saisirons en revanche toutes les occasions de vous prouver de la maniere la plus éclatante notre gratitude & notre affection. Nous vous donnons avec toute la tendresse d'un cœur paternel notre bénédiction apostolique, ainsi qu'à votre vertueuse épouse, & à votre cher fils nouveau né ; & nous prions le Dieu tout-puissant d'accroître de jour en jour vos vertus, & de vous faire acquérir la gloire qu'il réserve à ses élus.

SECONDE LETTRE

Au Duc de Parme.

Aussi-tôt que vous nous eûtes informés des soins que vous preniez pour nous reconcilier avec les monarques, nos très-chers fils en Jesus-Christ, & pour faire rentrer le saint siege dans ses anciennes possessions, nous résolûmes de vous en rendre les plus sinceres actions de graces. Maintenant que par votre sagesse vous avez achevé ce grand ouvrage, nous ferons éclater notre reconnoissance & notre joie; nous vous assurons que nous n'oublierons jamais cette généreuse démarche qui nous a procuré les bienfaits les plus signalés, & que la tendresse paternelle que nous vous portons, égale vos rares vertus. Aussi desirons-nous de toute la plénitude de notre ame tout ce qui peut contribuer à votre gloire & à votre félicité. Le marquis de Lano, auquel nous sommes tendrement attachés, à raison de son mérite & des services qu'il nous rend, a dû vous marquer quels sont nos sentiments à votre égard. C'est pour les cimenter de plus en plus, que nous prions continuellement le seigneur de seconder par l'abondance de ses dons célestes la bénédiction apostoliques dont nous vous gratifions, comme du gage le plus certain de notre affection, &c.

BREF

*A notre cher fils Pierre-François BOU-
DIER, alors supérieur général des Bénédictins de la congrégation de S. Maur,
& actuellement grand-prieur de l'abbaye
royale de Saint Denis.*

CLÉMENT XIV.

Notre cher fils, salut & bénédiction apostolique.

Votre lettre, dictée, par le respect, l'attachement & l'amour le plus tendre, fait bien voir toute la joie que vous avez ressentie vous & votre congrégation, à notre élévation au souverain pontificat. Mais vos sentiments pour le siege apostolique nous étoient déjà connus, & les nouveaux témoignages que vous nous en donnez, ont moins servi à nous prouver ces sentiments qu'à nous en assurer de plus en plus.

Aussi avons-nous été fort sensibles à ces démonstrations de zele, auxquelles vous & votre congrégation ajoutez un nouveau prix, en suppliant, comme vous faites, le pere des miséricordes, que dans l'administration d'un si important emploi, il soutienne & fortifie lui-même notre foiblesse par son puissant secours.

Quant au jugement que vous portez de notre personne, nous n'y voyons que votre indulgence, votre amour filial, & le zele ardent dont vous êtes animé pour nous. De notre côté, nous desirons fort avoir quelque occasion de vous témoigner officieusement toute la bienveillance que nous avons pour vous & pour ceux qui vous sont soumis. Cependant, pour gage de notre tendresse paternelle, nous vous donnons, notre cher fils, & à vos freres, de toute l'effusion de notre cœur, notre bénédiction apostolique.

Donné à Rome, à sainte Marie-Majeure, sous l'anneau du pécheur, le onze août mil sept cent soixante-neuf, la premiere année de notre pontificat.

BENOÎT STAY.

BREF

A notre cher fils BODDAERT, *prieur général de l'ordre des Guillelmites.*

CLÉMENT XIV.

Notre cher fils, falut & bénédiction apoftolique.

LA joie que vous nous témoignez de notre avénement au fouverain pontificat, répond à l'attachement que votre ordre avoit pour nous depuis long-temps. Nous ne doutons point qu'à ces marques extérieures de zele, vous ne joigniez auprès de Dieu le fecours de vos prieres, pour qu'il daigne foutenir notre foibleffe, & en conféquence nous vous en demandons inftamment la continuation comme un effet de votre charité pour nous. Quant à nos fentiments à votre égard, les preuves que nous vous avons déjà données ci-devant de notre bienveillance, vous montrent affez ce que vous pouvez en attendre. Soyez sûr que notre nouvelle dignité, bien-loin d'affoiblir cette bienveillance, n'a fait que l'accroître & l'augmenter, sur-tout d'après le témoignage que vous nous rendez, qu'ayant visité avec soin les monasteres de votre ordre, vous les avez trouvés fideles aux regles de leur institut. Cette assurance de votre part nous a fait le plus grand plaisir, elle redouble la tendresse que nous avions pour vous ; & afin de vous en donner un gage, nous vous accordons, notre cher fils, & à tout l'ordre confié à vos soins, de toute l'effusion de notre cœur, notre bénédiction apostolique.

Donné à **Rome**, *à sainte Marie-Majeure, sous l'anneau du pêcheur, le neuf juillet mil sept cent soixante-neuf, la premiere année de notre pontificat.*

BENOÎT STAY.

DISCOURS

DISCOURS

Prononcé par Clément XIV dans le confiftoire fecret, tenu le 24 feptembre 1770.

Au fujet de la réconciliation du Portugal avec la cour de Rome.

Il femble, nos vénérables freres ; que la providence ait choifi ce jour 24 de ce mois, pour que je vous notifie le grand événement qui nous raffemble dans ce lieu. Ce même jour, l'anniverfaire de mon arrivée à Rome, de mon élévation à la pourpre, quelqu'indigne que je fuffe de cet honneur, eft enfin celui où je vous annonce une réconciliation pleine & entiere avec le Portugal.

Nous venons de recevoir des preuves les plus finceres & les plus éclatantes de la foumiffion & du zele de fa majefté très-fidelle à notre égard ; elles ont même furpaffé notre attente.

Partie II. L

Non-seulement les anciennes coutumes
& les anciens égards qui subsistoient
entre nous & cette couronne sont renouvellés, mais encore confirmés de
maniere qu'ils ont acquis une nouvelle
force.

Quand nous prédisions ce qui vient
d'arriver, nous fondions notre espoir
sur la foi & sur la piété de notre trèscher fils en Jesus-Christ, qui donna
dans tous les temps les marques les
plus sûres de son zele pour la vraie
religion. Le jour où nous avons eté
instruits de sa réconciliation, a augmenté la gloire & les avantages du
saint siege, en nous remplissant de
consolation & de joie. Aussi n'y a-t-il rien que nous ne devions entreprendre, pour témoigner toute notre
reconnoissance à sa majesté très-fidelle, & n'y a-t-il point de souhaits
que nous ne devions former pour sa
conservation, & pour celle de Marie-
Anne-Victoire son auguste & chere
épouse, qui s'est rendue son émule,
en travaillant elle-même avec le plus
grand zele à cet accommodement. Le
comte d'Oyeras, secrétaire d'état, est
aussi digne de notre reconnoissance &
de nos éloges, sans oublier le com-

mandeur d'Almada, ministre plénipotentiaire auprès de notre personne, & que nous avons souvent entendu avec la plus grande joie, nous déclarer les sentiments pieux & magnanimes du roi très-fidel. Comme il n'y a pas de moyen plus propre à nous acquitter de notre gratitude envers un prince si digne de nos éloges, que de prier Dieu pour qu'il le comble de ses prospérités : supplions-le sans interruption de nous accorder cette insigne faveur, &c.

DISCOURS

DE
CLÉMENT XIV,

Dans le consistoire secret, tenu le 6 juin 1774, sur la mort de LOUIS XV.

Vénérables freres.

SI quelque chose pouvoit nous consoler au milieu de nos pénibles travaux, c'étoit de savoir que Louis le roi très-chrétien avoit les meilleures intentions & le plus grand attachement pour la religion, ainsi que pour notre personne ; mais hélas ! cette consolation devient aujourd'hui le sujet de la plus vive douleur. Notre vie est remplie d'amertume depuis le funeste événement de sa mort arrivée à la suite de la plus cruelle maladie. Nous en sommes d'autant plus fortement consternés, que nous l'avons perdu au moment qu'il venoit de nous donner des preuves les plus éclatantes de sa justice, de sa magnanimité & de sa tendre affection enver nous & le saint siege apostolique. Ce qui nous afflige encore plus, c'est que nous ne pouvons maintenant nous acquitter envers lui, que par des larmes & par des regrets.

Adorons néanmoins les décrets de la divine providence, & en nous soumettant aux ordres du tout-puissant, de qui dépend absolument la destinée des rois, reconnoissons que tout est dirigé par sa sagesse & pour sa plus grande gloire.

Il n'y a que cette résignation à la volonté divine qui puisse diminuer notre douleur. A peine eûmes-nous appris les dangers dont la vie du roi étoit menacée, que nous adressâmes au ciel les plus ferventes prieres pour obtenir sa guérison. Toute la France éplorée s'unissoit alors à nous, & toute la famille royale versant des torrents de pleurs, s'acquittoit du même devoir, & particuliérement notre très-chere fille en Jesus-Christ, Marie - Louise de France, qui de sa sainte retraite, élevoit les mains vers le ciel, & pouſſoit les plus profonds ſoupirs.

Si nos vœux n'ont pas été exaucés, nous avons du moins une vive eſpérance que nos prieres pourront être utiles au repos de ſon ame, & lui procurer une gloire éternelle.

Notre eſpoir eſt fondé ſur l'amour qu'il eut toujours pour la religion catholique, ſur ſon attachement au ſaint ſiege, ſur ſes bonnes intentions pour nous, & dont il nous a donné des marques juſqu'au dernier ſoupir; enfin ſur le repentir ſincere qu'il a témoigné en préſence de toute ſa cour, demandant pardon à Dieu & à ſon royaume des égarements de ſa vie, & ne deſirant plus vivre que pour les réparer.

Les mêmes prieres que nous avons faites en ſecret pour le repos de ſon ame, nous les ferons en public, ſans que cela nous empêche de nous ſouvenir de lui devant Dieu, juſqu'à la derniere heure de notre vie.

Nous devons vous déclarer à cette occafion, nos vénérables freres, que Louis augufte, notre très-cher fils en Jefus-Chrift, petit-fils du feu roi, fuccéde aux états & royaume de fon aïeul, ayant en même-temps hérité de toutes les vertus héroïques de l'augufte maifon des Bourbons.

Nous connoiffons déjà parfaitement fon zele & fon attachement pour la religion, ainfi que fon amour filial envers nous. Ses lettres touchantes & remplies d'affection, jointes à la renommée qui publie déja de toutes parts fes rares qualités, en font la preuve la plus convaincante. Auffi n'avons-nous rien plus à cœur que de répondre, le plus qu'il nous fera poffible, à de fi louables fentiments.

Nous devons pareillement vous informer que notre vénérable frere François-Joachim, cardinal de Bernis, cidevant miniftre du feu roi auprès de notre perfonne, a été confirmé en cette qualité par des lettres de créance qu'il nous a préfentées. En vous marquant à ce fujet notre pleine fatisfaction, nous voyons éclater la vôtre,

L 4

sachant que vous êtes aussi persuadés que nous, qu'il est le plus fidele interprete des intentions de son roi & des notres, pour entretenir la plus heureuse harmonie.

Conjurons, par les plus ardentes prieres, le tout-puissant de qui les rois tiennent leur couronne & leur empire, de répandre ses plus abondantes bénédictions sur notre très-cher fils en Jesus-Christ, Louis-auguste de France; afin que dans le cours de son regne, il jouisse de toutes les prospérités, & qu'il vive d'une maniere aussi utile au bien de la religion, qu'avantageuse à l'illustre nation Françoise.

BULLE

POUR

LE JUBILÉ UNIVERSEL

de l'année 1775.

C LEMENT, Evêque, ferviteur des ferviteurs de Dieu, à tous les fideles en Jefus-Chrift, qui ces préfentes lettres verront, falut & bénédiction apoftolique.

L'auteur de notre falut, Jefus-Chrift notre feigneur ne s'eft pas contenté de procurer aux hommes, par fa paffion & par fa mort, la délivrance de l'ancienne fervitude du péché, le retour à la vie & à la liberté, l'élévation au titre sublime de cohéritiers de sa gloire & d'enfants de Dieu : mais à toutes ces faveurs, il en a ajouté une infiniment précieuse, & destinée pour ceux qui entraînés par la foiblesse humaine & par leur propre perversité, auroient le malheur de déchoir du droit qu'ils avoient à l'héritage divin. Dans le pouvoir qu'il a donné au prince des apôtres de remettre les péchés, lorsqu'il lui confia les clefs du royaume céleste, il a procuré aux pécheurs un moyen d'expier leurs crimes, de recouvrer la premiere justice, & de recevoir les fruits de la rédemption. Comme c'est-là le seul parti que puissent prendre ceux qui se sont écartés de la loi du Seigneur, pour rentrer dans l'amitié de Dieu, & pour arriver au salut éternel; les successeurs de S. Pierre, les héritiers de son pouvoir n'ont jamais rien eu de plus à cœur, que d'appeller tous les pécheurs à ces divines sources de miséricorde, que d'offrir & de promettre le pardon aux vrais pénitents, & d'inviter enfin à l'espérance de la rémission, ceux-mêmes qui seroient retenus dans les plus pesantes chaînes du crime.

Quoique dans l'exercice d'une fonction de cette importance, si nécessaire au salut des hommes, ils n'aient jamais interrompu les follicitudes de leur ministere apostolique ; ils ont néanmoins jugé à propos de choisir & de fixer dans la suite des siécles, certaines époques remarquables, où ils engageroient les pécheurs à fléchir la colere divine, à embrasser la pénitence, comme la seule planche qui reste après le naufrage, & cela par l'espérance d'une plus ample moisson de graces & de pardons, & par la liberté publique & générale de participer aux trésors des indulgences dont ils sont les dépositaires ; & afin qu'aucune génération ne fût privée des précieux avantages attachés à ce temps de relaxation, ils ont fait revenir tous les ving-cinq ans, celui du jubilé ; l'année sainte, l'année par excellence, de grace & de rémission, dont ils ont ordonné l'ouverture dans la ville regardée comme le centre & le siege de la religion.

Nous conformant donc à une coutume si falutaire, & touchant presque à une de ces années privilégiées, nous

nous empreffons de l'annoncer à vous tous, nos chers enfants, qui êtes unis dans la profeffion d'une même foi avec nous & avec l'églife fainte, catholique & romaine; & nous vous exhortons à travailler au falut de vos ames, & à profiter des moyens de fanctification qui peuvent être pour vous les plus efficaces. Nous vous ferons part de tout ce qui nous a été confié des richeffes de la clémence & de la miféricorde divine; & d'abord de celles qui tirent leur origine du fang de Jefus-Chrift. Nous vous ouvrirons enfuite toutes les portes du riche réfervoir de fatisfactions, qui dérivent des mérites de la très-fainte mere de Dieu, des faints apôtres, du fang des martyrs, & des bonnes œuvres de tous les faints, tant eft vif & fincere le defir que nous avons de vous faciliter le recouvrement de la paix & de la réconciliation.

Or rien n'y contribue davantage que la multitude des fecours qu'on peut attendre de la communion des faints. Unis à leur augufte fociété, nous compofons tous enfemble le corps de l'église, qui est un, indivisible; & celui de Jesus-Christ lui-même, dont le sang nous purifie, nous vivifie tous, & nous met en état d'être utiles les uns aux autres. Car pour donner plus d'éclat à l'immensité de son amour & de sa miséricorde, pour rendre plus sensible la force & l'efficace infinie de sa passion & de ses mérites, le rédempteur des hommes a voulu en faire rejaillir les effets sur tous les membres de son corps mystique; afin qu'ils eussent toutes les facilités de s'entr'aider mutuellement, par la communication de leurs secours & de leurs avantages réciproques. Son intention fut dans cette association, si sagement ménagée, dont son sang précieux est le principe, & l'union des cœurs toute la force, de porter la tendresse du pere éternel à user de clémence envers nous, en lui présentant les motifs les plus capables de l'y déterminer; le prix ineffable du sang de son fils, les mérites des saints, & le pouvoir de leurs suffrages.

Nous vous invitons donc à puiser, dant ce vaste canal d'indulgences, à vous enrichir dans ces inépuisables tréfors de l'églife ; & d'après l'ufage & l'inftitut de nos ancêtres, du confentement de nos vénérables freres les cardinaux, &c.

O vous tous, qui êtes les enfants de l'églife, ne laiffez donc pas échapper cette occafion fi précieufe, ce temps fi favorable, ces jours fi falutaires, fans les employer à appaifer la juftice de Dieu, & à obtenir votre pardon : n'allez pas apporter, pour excufes à vos retardements, les fatigues du voyage, les embarras du tranfport. Quand il s'agit pour vous d'être comblés des largeffes de la grace célefte, d'être introduits dans les tabernacles du Seigneur, feroit-il convenable de vous laiffer abbatre par des incommodités, par des obftacles qui n'effrayent jamais ceux que la curiofité & l'envie de s'enrichir conduifent tous les jours dans les régions les plus lointaines ? Ces travaux mêmes que vous pourriez redouter, entrepris par un fi noble motif, vous aideront infiniment à vous faire retirer de votre pénitence les fruits les plus abondants. Auffi l'églife a-t-elle toujours regardé, comme finguliérement utile, l'ancienne pratique des pélérinages, perſuadé que les déſagrémens & les ennuis qui les accompagnent néceſſairement, ſont autant de compenſations pour les péchés paſſés, & de preuves convaincantes d'un ſincere repentir. Que ſi l'activité de votre zele, l'ardeur de votre amour pour Dieu venoient à s'enflammer au point de vous faire oublier tout-à-fait vos fatigues, ou à les diminuer, ne vous allarmez pas pour cela : au contraire, cette ſainte alégreſſe accélérera votre réconciliation, & ſera même une portion principale de la ſatisfaction dont vos péchés vous rendoient redevables, *puiſqu'il ſera beaucoup remis à celui qui aura beaucoup aimé.*

Accourez donc à la Cité de Sion; venez donc vous raſſaſier de l'abondance qui regne dans la maiſon du Seigneur. Tout ici vous portera à la pénitence ; l'aſpect même de cette ville, le domicile ordinaire de la foi & de la piété, le ſépulchre des Apôtres, les tombeau des martyrs. Quand vous verrez cette terre qui fut arroſée de leur ſang, quand les nombreux veſtiges de leur sainteté s'offriront de tous côtés à vos yeux, il vous sera impossible de vous refuser au repentir amer dont vous vous sentirez pressés, pour vous être tant éloigné des regles & des loix qu'ils ont suivies, & que vous avez promis de suivre comme eux. Vous trouverez dans la dignité du culte divin, dans la majesté des temples, une voix puissante qui vous rappellera que vous êtes vous-même le temple du Dieu vivant ; & qui vous animera à l'embellir avec d'autant plus d'ardeur, que vous aviez eu de penchant autrefois à le profaner, & à contrister l'esprit saint. Ce qui soutiendra encore vos résolutions, ce seront enfin les larmes & les gémissements d'un grand nombre de chrétiens, à qui vous verrez déplorer leurs égarements, & en solliciter le pardon auprès de Dieu. Bientôt les sentiments de douleur & de piété dont vous serez témoins, passeront dans vos cœurs avec une facilité qui vous surprendra vous-mêmes.

Mais à cette sainte tristesse, à ce deuil religieux, ne tardera pas à succéder la plus tendre des consolations, quand vous verrez une multitude de peuples & de nations accourir en foule pour pratiquer des œuvres de pénitence & de justice. En effet, pouvez-vous jamais espérer spectacle plus agréable, plus ravissant, que celui qui donne à toute la terre une image sensible du glorieux triomphe de la croix & de la religion ? Du moins de notre côté serons-nous au comble de la joie, lors de la réunion presque universelle des enfants de l'église ; persuadés que nous trouverons pour nous-mêmes dans les mutuels efforts de votre charité & de votre piété, une ample surabondance de secours & de ressources : car nous avons la pleine confiance que, quand vous aurez supplié avec nous le souverain distributeur des graces, pour la conservation de la foi, pour le retour des peuples qui se sont séparés de son unité, pour la tranquillité de l'église & le bonheur des princes chrétiens, vous voudrez bien auprès de Dieu vous ressouvenir de votre pere commun, qui vous porte tous dans son cœur, & procurer par vos vœux & vos instances les forces nécessaires à notre foiblesse, pour soutenir le poids immense qui lui fut imposé.

Pour vous, nos vénérables freres, patriarches, primats, archevêques, évêques, entrez dans notre follicitude; chargez-vous en même temps de nos fonctions & des votres ; annoncez aux peuples qui vous font confiés, ce temps de pénitence & de propitiation ; employez tous vos foins & toute votre autorité à faire fructifier, le plus qu'il eft poffible, pour le falut des ames, cette occafion favorable d'obtenir le pardon que notre amour paternel fait naître pour tout le monde chrétien, conformément à l'ancienne pratique de l'églife. Qu'ils vous entendent expliquer quelles œuvres d'humilité & de charité chrétienne il leur faudra pratiquer pour être mieux difpofés à recevoir les fruits de la grace célefte qui s'offre à leurs befoins ; qu'ils comprennent & par vos préceptes & par vos exemples, que c'eft fur-tout aux jeûnes, aux prieres & aux aumônes qu'il leur faudra recourir.

S'il en eft parmi vous, nos vénérables freres, qui veulent prendre, pour furcroit de leurs fatigues paftorales, celle de conduire eux-mêmes une partie de leur troupeau vers la ville qui est comme la citadelle de la religion, & d'où sortiront les sources d'indulgences ; ils peuvent se promettre que nous les recevrons avec toute la sensibilité du plus tendre des peres. Indépendamment du lustre qu'ils procureront à notre solemnité, ils seront eux-mêmes à portée, après de si nobles fatigues, après des travaux si méritoires, de faire la plus ample moisson des largesses de la miséricorde divine ; & de retour avec le reste de leur troupeau, ils auront la consolation de lui distribuer cette précieuse récolte.

Nous ne doutons pas non plus que nos très-chers fils, l'empereur, les rois & tous les princes chrétiens, ne nous aident de leur autorité, dans les vœux que nous formons pour le salut des ames, afin qu'ils aient les heureux succès que nous en attendons. Ainsi nous les exhortons de toute notre ame, de concourir d'une maniere qui réponde à leur amour pour la religion, au zele de nos vénérables freres les évêques, de favoriser leurs entreprises, & de procurer aux pélerins sûreté & commodité sur les routes. Ils n'ignorent pas que de pareils foins ne peuvent manquer de contribuer beaucoup à la tranquillité de leur regne ; & que Dieu leur fera d'autant plus propice & favorable à eux-mêmes, qu'ils fe montreront plus attentif à augmenter fa gloire pour les peuples.

Mais afin que ces préfentes parviennent, &c.

Donné à Rome, à Sainte Marie-Majeure, &c. l'an de notre Seigneur mil fept cent foixante-quatorze, le douziéme jour de mai, & la cinquiéme année de notre pontificat.

Cette bulle, par laquelle je termine ce recueil, peut être regardée comme le teftament de Clément XIV. La mort qui travailloit dès lors dant fon fein, l'avertiffoit intérieurement que fa fin étoit proche ; qu'il parloit à tous les fideles pour la derniere fois, & que Dieu exigeoit de lui le facrifice de fa vie.

Chacun partageoit un tel malheur ; & toutes les communions, quoique entiérement divisées dans leur croyance, se réunissoient pour demander au Seigneur la conservation d'un pontife, agréable à toutes les couronnes, & cher au monde entier. Les uns se rappelloient la bonté avec laquelle il les avoit reçus ; les autres, son esprit de sagesse & de pacification ; tandis qu'étranger lui-même à l'atrocité des maux qu'il souffroit, il n'employoit sa respiration entrecoupée que pour pousser des soupirs vers le ciel, afin d'obtenir sur la terre le regne de la concorde & de la vérité, & de laisser après lui des vestiges de son amour pour la justice & pour la paix.

Je desirois avoir quelques-unes des lettres qu'il écrivit pendant les six derniers mois de sa vie, qui furent un temps d'épreuve & de douleur ; mais il ne m'a pas été possible d'en obtenir. Du reste nous en avons assez pour être convaincus que ce grand pontife tenoit essentiellement au fond de la religion, sans tenir à aucune opinion, & sans avoir aucun esprit de parti ; ce qu'il y a de sûr, c'est qu'on ne peut se refuser d'être son panégyriste que par prévention, & que la postérité qui l'appréciera selon ses mérites, s'affligera sincérement de ne l'avoir pas connu. Il n'y aura alors ni passions, ni cabales, ni préjugés capables d'obscurcir sa gloire, & ce sera la vérité seule qui présentera son portrait.

Fin de la seconde partie.

TABLE
DES MATIERES

Contenues dans ce second Volume.

A

*A*LGAROTTI, Auteur du Newto-nianiſme des dames, *page* 9
Anglois (les) ſont enthouſiaſtes de leur patrie, 40. Leurs philoſophes ont mis au jour les idées les plus extravagantes, 68
Auguſtin (Saint): qualités admirables de ce Pere,

B

*B*EMBO (le cardinal): ce qu'il diſoit à un Philoſophe de ſon temps ſur la néceſſité d'admettre Jeſus-Chriſt, 49
Benoit XIII (le Pape). Qu'eſt-ce qui cauſa ſes déplaiſirs, 92 *& ſuiv.*
Benoit XIV. Marque qu'il donnoit de la gaieté de ſon caractere, 34. Son

oraison funebre : belle matiere à traiter, 81. Conserva sa gaieté jusqu'à la fin, 87. Son ouvrage de la canonisation des Saints, mérite d'être répandu, 88. Faisoit toujours quelque grace à ceux qu'il avoit grondés, 38.

Bernis (le cardinal de). Actions qui l'immortalise, 15. Il est aussi cher aux François qu'aux Italiens, 188

Bossuet (M.) ne doit pas être mis aux rangs des peres avant que l'eglise ait prononcée, 32 ; fut néanmoins une lampe ardente & luisante, *ibid*.

Bourbon (maison de) : son alliance avec celle d'Autriche, 15 ; heureux effet de ce traité. *ibid*.

C

C*AFÉ* : maux qu'il cause à la santé, 103

Canonisation des saints. Ouvrage du pape Benoît XIV, 88. Précautions séveres qu'on prend à Rome pour canoniser un serviteur de Dieu, 89.

Cardinaux romains (les) : leur affabilité envers tout le monde, 102 *& suiv*. Objet de leur état, 111. Qu'est-ce qui doit régler leurs démarches, 112

Carrache. Quel étoit le talent propre de ce peintre. 13

Charité chrétienne. Quelle est sa premiere regle,

Clément

DES MATIERES.

Clément VII (le Pape) auroit frémi d'horreur, s'il eut prévu les suites du schisme d'Angleterre,

Clément XIII (le Pape) ne voyoit point les choses sous le point de vue qu'il falloit dans son différend avec les Puissances, 163. Raisons qu'on lui représentoit en faveur des jésuites, & celle qu'on ne lui représentoit pas, 165. Devoir déférer au desir de Louis XV touchant le Duché de Parme, 168. Étoit un Pontife digne des premiers siecles, 170. Ne faisoit que ce que lui disoit son conseil, 164. Sa mort très-subite, 178. Avoit d'excellentes qualités ; quelle qualité lui manquoit, ibid.

Conclave. Etat de Rome pendant le Conclave, 91

Confesseur d'un Souverain, emploi redoutable, 25. Etendue de ses devoirs. *ibid.* Tout ce qu'il doit remontrer au Prince, 28 & suiv.

Conseil. On ne doit prendre conseil que de ceux qui sont entiérement désintéressés, 170

D

DEVOTES (femmes) ne sont souvent qu'à leur directeur, croyant être sincérement à Dieu, 174

Dieu. L'action de Dieu sur nous, indique une providence, 151. Ne fait point de miracles toutes les fois qu'on en desire, 168

D.recteurs (les). Ce sont presque toujours les femmes qui les perdent, 173

Direction (bon livre de) manque en Italie, 174

E

Ecclésiastique (un). Ce qu'il a seulement à faire avec le monde, 135

Ecoles de Rome (les). Quelle est la doctrine qu'on y enseigne, 134

Eglise (l') a seule le droit d'assigner à ses écrivains le rang qui leur est dû, 132. Elle n'est qu'un édifice dont le prince des apôtres a posé les fondements, 106

Eglise Romaine (l'). Ses dispositions favorables à l'égard des communions protestantes, 105

Etude (l') Avantages de l'amour de l'étude, 79

Evénements (les grands) ont souvent

pour auteurs des hommes subalternes & obscurs, 53

Evidence (l'), en matiere de religion, n'est que pour le ciel, 144

F

*F*EMMES (les) : Leur complexion exige des ménagements de la part de leurs maris, 43

François (les) ont beaucoup plus de littérateurs que de savants, 48

G

*G*ANGANELLI (le Pere), (dit depuis Clément XIV), admire les Ouvrages de M. de Buffon, 2. Ce qu'il reproche à cet Ecrivain, *ibid.* Réfute les systêmes sur la formation du monde, 3. Ses raisons sur ce sujet, 4. Plan qu'il auroit suivi, s'il avoit eu à travailler sur l'Histoire de la Nature, 7. Sa satisfaction lorsqu'il trouve à parler de Dieu, 8. Ses réflexions sur la destinée de notre ame, 9. Paroles de S. Augustin qu'il cite à ce sujet, 10. Se loue des bontés du cardinal Querini, 11 Réflexions que sa promenade au bord du Tibre lui inspiroit, 17. Sujet de son travail dans sa cellule, *ibid.* Est visité par des François, & pourqu i, 18. A quoi il compare l'Italien, l'Allemand & le François, 19 & *suiv.* Justifie le Gouverment Ecclésiastique, 35. Avis qu'il donne à un Médecin pour vivre en paix avec sa femme, 42. préfere sa cellule à tous les plaisirs du monde, 44. Décrit son régime de vie, 46-60. Comment il en use envers tout écrivain, 47. Qualités que doivent avoir les ouvrages pour lui plaire, 49. Ne peut souffrir les enthousiastes, ni les personnes froides, 67. Trouve mauvais qu'on ait traité de cruel le pape Sixte-Quint, 70. Le justifie sur cette accusation, *ibid. & suiv.* Donne des avis à un religieux chargé de l'oraison funebre de Benoît XIV, 81. Haute idée qu'il avoit de ce pape, 84 & *suiv.* Ses réflexions sur la papauté, 93, & sur le sort des souverains, 94. Ses sentiments lors de son élévation à la pourpre, 96. De quel œil il regarde les dignités, 98. Comment il se propose d'en agir avec tout le monde depuis qu'il est cardinal, 99-101. Desire la réunion des protestants à l'église Romaine, 105. Badine avec un ami sur ce qu'il est devenu cardinal, 108. Regrette sa cellule, *ibid.* Ne s'accoutume point aux honneurs qu'on lui rend, 109-137. Ses craintes aux sujet de la brouillerie entre la cour de Rome & la maison de Bourbon, 112 & *suiv*. Principes qu'il pose en discutant cette affaire, 114. Ses sentiments sur celle des jésuites, 117. N'a pas la moindre animosité contre aucun ordre religieux, 120. Pense qu'il est dangereux de soutenir les jésuites dans les circonstances où l'on étoit ; *ibid*. Suite de ses raisons pour qu'on ne se brouille pas avec les souverains, par le desir de conserver cette société, 121 & *suiv*. Exhorte le cardinal*** à parler au pape sur ce sujet ; 124. Ses remontrances à un religieux qui avoit quitté son couvent, 125. Intercede pour lui auprès du gardien, 127. Exhorte un abbé à lire les peres de l'église, 131. A quoi il compare chaque pere, *ibid.* & *suiv*. Déclare qu'il doit tout ce qu'il sait à la lecture des peres, 133. Se plaint de ce qu'on ne les lit plus, *ibid*. Sa consolation est de s'entretenir avec eux 135. Aime qu'on soit discret, 136. Blâme M. D*** de vexer ses fermiers, l'exhorte à mépriser les biens périssables, 139. Son raisonnement sur la religion, 143. & contre les incrédules, 146 Exhorte un mylord à s'instruire sur la religion, 149. à étudier l'homme-Dieu, *ibid*. Ce qu'il dit de Jesus-Christ, 150. Se plaint de ceux qui n'osent parler au pape sur l'affaire des jésuites, 153. Discute celle de la brouillerie de la maison de Bourbon avec la cour de Rome, *ibid*. Ses sentiments particuliers là-dessus, *ibid. & suiv*. Est touché dans la situation des jésuites, 159. Dit du bien de l'ouvrage intitulé : *les adieux de la maréchale à ses enfants*, 160. Suite de ses réflexions sur l'affaire de Parme, & celle des jésuites, 161 *& suiv*. Craint de nouvelles invasions, si la cour de Rome ne s'acccomode pas avec les puissances, 163. Parle au pape sur cette affaire, mais inutilement, & pourquoi, *ibid*. Craint un schisme, 164. Ses raisons, *ibid*. Pese les événements selon la religion & l'équité, 166. Ce qu'il pense touchant les plaintes des souverains, & la destinée des jésuites, 167. Souhaite qu'ils se justifient, *ibid*. Est d'avis qu'on défere aux volontés de Louis XV, 168. Gémit des maux qu'il craint pour Rome 169. Trouve des épines dans la dignité de Cardinal, 172. Se flatte que le pape acquiescera aux desirs de la maison de Bourbon 175. Entre au conclave après la mort de Clément XIII. 180. Est élu du pape. 181. Ses sentiments sur son exaltation, *ibid*. Prend connoissance des affaires; 182. Travaille à réunir la cour de Rome avec le Portugal, 183. Déclare son impartialité sur l'affaire des Jésuites, *ibid*. Gémit d'être devenu pape dans des temps orageux, 184. Soupire après son cloître, 185. Voudroit pacifier toutes choses, 186. Pense que l'éternité approche, *ibid.* Loue le roi Louis XV. de son zele pour la religion, & M. l'archevêque de Paris de sa piété, 188. Témoigne son admiration du sacrifice qu'a fait madame Louise de France, *ibid.* Ecrit sa lettre circulaire aux patriarches, archevêques & évêques, au sujet de son exaltation, 189. Y déploie de grands sentiments d'humilité, 190. Se propose de donner tous ses soins pour remplir dignement ses fonctions, & se recommande à leurs prieres, 191. Les exhorte à repousser les attaques des incrédules, 194. Moyens qu'il propose à ce sujet, *ibid.* Leur représente leurs obligations, 198. Autre avis qu'il leur donne, 201. Ecrit une lettre au roi Louis XV, contre l'irréligion, 204. Exhorte ce prince à seconder le zele des évêques occupés à arrêter les ravages de l'incrédulité, 206; & à maintenir la foi dans son intégrité, 207. Sa lettre à madame Louise, 209. Loue cette princesse du sacrifice qu'elle a fait, 210. Lui en expose les avantages, *ibid.* L'exhorte à persévérer, 211. Donne à son confesseur le pouvoir d'adoucir la regle, 213. Sa lettre à Louis XV sur la prise d'habit de madame Louise, 214. Témoigne sa joie à ce prince sur cette action éclatante, *ibid*. Sa seconde lettre à Louis XV sur la profession prochaine de cette princesse, 217. Seconde lettre à Me. Louise sur la profession qu'elle alloit faire, 219. Lui exprime sa joie à ce sujet, *ibid*. Avis qu'il lui donne, 220. Voudroit assister en personne à cette cérémonie, *ibid*. L'exhorte à prier pour l'église, 221. écrit une lettre à l'archevêque de Damas, chargé de faire la cérémonie à la prise d'habit de madame Louise, & à sa profession, 224. Ses réflexions sur la grande action de cette princesse, *ibid*. Députe ce prélat pour faire cette fonction à sa place, 225. Ecrit une autre lettre au roi très-chrétien, sur le grand exemple que donne cette princesse, 227. Témoigne à ce prince des sentiments de tendresse paternelle, 228. Ecrit au duc de Parme, remercie & loue ce prince d'avoir travaillé à sa réconciliation avec le roi trèschrétien; 231, & à faire rendre au saint siege, Avignon, Bénevent & Porte-Corvo, 222. Sa seconde lettre au même duc, 234. Son discours dans le consistoire secret, au sujet de la réconciliation du Portugal avec la cour de Rome, 241. Autre discours qu'il fait sur la mort de Louis XV. 244. Y témoigne sa douleur sur cet événement, *ibid*. Douces espérances qu'il fonde sur le repentir que ce prince témoigna à sa mort de ses égarements, & sur les belles qualités qu'annonce son auguste successeur, 247. Ecrit un bref au supérieur général de la congrégation de saint Maur, en réponse à la lettre de ce général, 236. En écrit une au prieur général de l'ordre des Guillelmites, 239. Donne sa bulle pour le jubilé universel de l'année 1775. Exposé de cette bulle, 249. Explique les motifs de l'institution du jubilé, 250. Exhorte les fidelles à profiter de la grace du jubilé, 253. Comment cette bulle doit être regardée; 260. Réflexions sur la mort de Clément XIV. 261. Eloge de ce pape, *ibid*.

Gaieté (la), baume de la vie, 55

Genese (la), tout ce qui s'écarte de ce livre n'a pour appui que des paradoxes, 3.

Gouvernement ecclésiastique (bons & mauvais côté du,) 36. Réflexions sur les gouvernements, 39. Ils ont tous des inconvénients, 40. Gouvernement Anglois, ses défauts, 36. Un gouvernement trop mou est terrible pour les états, 72

Grandeurs du monde (les), foibles vapeurs, 192

Grands (les) la prévention en perd la plupart, 64

H

Histoire, ses avantages, 50. Comment la considerent la plupart des hommes, 51. De quelle maniere il faut l'étudier, *ibid.*

Histoire naturelle (l') a été moins cultivée que l'antiquité, 61

Homme en place; tout homme en place a des ennemis, 63

J

Jésuites (Général des), conduite qu'il auroit dû tenir pour le bien de sa société. 162. Ne voulut pas suivre le conseil du général des carmes, 163

Jesus-Christ, il est le chef de tous les mysteres de la grace & de la nature, 148. On s'égare dans mille systêmes absurdes, lorsqu'on n'a point cette sublime boussole, 149. Pourquoi il est appellé l'*alpha* & l'*omega*, *ibid.*

Ignace (Saint) ne prévoyoit pas qu'il y auroit un jour tant de fermentation pour ses enfants, 159. Ce qu'il demandoit à Dieu pour eux, *ibid.*

Illuminés (les) ne veulent jamais se plier aux circonstances, 118

Imagination (l') est la mere des songes, 69

Italie (l') offre de quoi exercer la curiosité des naturalistes, 62

Italiens (les) n'écrivent pas trop bien l'histoire, 51

L

Libelles & satyres (les) ne font impression que sur les têtes foibles, 63

Littérature (la) est plus sujette aux escarmouches, que les sciences, 47

M

Médicis (les). Ce qu'ils ont fait pour les arts est un morceau intéressant pour l'histoire de la Toscane. 53.

Médecins. Les reproches qu'on leur fait ne sont pas toujours fondés, 45

Miracles (témoignage des) nécessaire pour la canonisation des saints, 90. Pourquoi les miracles n'ont qu'un temps, *ibid & suiv.*

Moïse. La maniere dont il nous apprend la création du monde fait crouler tous les systêmes, 3

Monde. Un monde éternel offre mille difficultés, 4. Ce qu'est le monde pour un philosophe du temps, 157

Mort (la) rode nuit & jour autour de nous, 159

N.

N*ATURE* (la) n'est rien sans Dieu, 6

O.

O*ISEAUX* d'Amérique (les) n'arrivent guere vivants dans notre continent, 2

Opinions capables d'ébranler la religion (les) se répandent de toutes parts, 205

Orateur chrétien (l') : Quel milieu il doit tenir dans son discours, 66

Ordres religieux (les) n'ont point reçu en partage l'infaillibilité, ni l'indéfectibilité, 165

P.

P*APAUTÉ* (la) : Obligations de cette place, 92

Pape. Quelle doit être la politique d'un pape, 23. Il ne doit point se brouiller avec les puissances catholiques pour quelques droits seigneuriaux, 116; ni pour conserver un corps contre lequel elles sont prévenues, 154; doit conserver les immunités, mais non quand cela occasionne une scission, 162. Pour quelle fin il est établi chef de l'église, 165. Qualités qu'il doit avoir comme vicaire de Jesus-Christ, & comme prince temporel, 179

Papes (les) : A quoi ils peuvent être comparés, 119 : Sont dans la nécessité de vivre en paix avec les souverains, 121 *& suiv.*

Peintre (un) : Il doit y avoir de l'expression dans ses tableaux, 13. Il faut avoir du génie pour l'être *ibid.* Quel est leur véritable école, 14

Peres de l'église (les) sont l'ame de l'éloquence chrétienne, 131. Suite de leur éloge, 132. Sont toujours avec Dieu, 134. Ne parlent que par l'organe de la charité, 173

Philosophes modernes (les) enfantent des sophismes, 141. Ce qu'ils disent du chrétien, 157.

Philosophie (la) se ressent des impressions de l'imagination, 68

Politique (la). Effets différents de la politique humaine & de la chrétienne, 20; Quelle est la bonne, 21; & celle des Romains, 23

Politique (un) Quelles doivent être ses connoissances, 21. Comment il doit se conduire vis-à-vis des hommes, *ibid.*

Polonois (les) perdent insensiblement l'esprit national, 16

Prince souverain (un) : Plus il est foible, plus il est despote, 93

Protestants (les) : Moyens de les réunir à l'église romaine, 105

Q

Querini (le cardinal) : Ses belles qualités, 11

R

Raison (la) sans la foi, se creuse des précipices, 5

Religion (la). Les preuves de la religion sont parfaitement exposées dans des ouvrages immortels, 148. Elle persuadera à tous ceux qui ont des principes, 151. La plupart des hommes la font plier devant leurs préjugés, 155

Rezzonico (le cardinal) élu pape: quel nom il s'impose, 92

Rome (Cour de) doit à la France toutes ses richesses, 163

S

Savants (les) devroient donner l'exemple de la modération, 47. Différence entre le savant & le littérateur, 48

Schisme (le) combien funeste pour les ames, 164

Souverains (les) sont maîtres de conserver dans leurs états: ou d'en expulser ceux qui leur déplaisent, 163

Superflu (le) appartient aux pauvres, 139

T

Théologies (des écoles) sont décharnées en bien des pays, & pourquoi, 134

Toscane (histoire de la), belle matiere à traiter, 50

V

VÉRITÉ (la). Comment on doit agir, quand on veut la voir sans nuage, 171

Z

ZELE *indiscret* (le). Combien il est dangereux, 116

Fin de la Table des matieres.

TABLE des Noms de toutes les personnes dont il est parlé dans ce second Volume.

Albani	pag. 136
Algarotti,	9
Antonio,	103
Auguftin (faint)	10
Aymaldi,	15
Beaumont (Archevêque de Paris)	188
Bembo (le cardinal),	149
Benoît XIII,	92
Benoît XIV ;	15, 33, 81.
Bernardin Girault,	224
Bernis,	15
Borromeo (cardinal)	137
Boddaert,	236
Boudier,	239
Boxadors,	33

Braschi (cardinal)	141
Bremond,	43
Buffon,	2
Cérati,	33
Colombini,	80
Corsini,	136
Coscia,	93
Dalmada,	243
Descartes,	3
Durini,	136
Fabrici,	188
Fantuzzi (cardinal)	137
Genori,	60
Georgi,	101
Gerdil,	56
Gregorio Leti,	71
Gustave,	16
Lambale,	158
Lami,	87

Louis le Grand,	16
Luciardi,	56
Lucrece, Spinofa, &c.	3
Martinelli,	80
Marzoni,	*ibid.*
Newton,	9
Nicolini,	17
Papi (l'Abbé),	11
Paffionei (cardinal),	62
Pontalti,	163
Porto-Carrero (cardinal)	13
Rezzonico (pape)	92
Richini,	33
Roi de Pruffe,	15
San-Severo,	1.67
Sixte-Quint,	70
Sobieski,	16
Stuard,	19
Thyerri,	103

Tissot,	161
Valenti (cardinal	93
Voltaire,	14
Yorck (cardinal d')	136

Fin de la table des noms.

www.ingramcontent.com/pod-product-compliance
Lightning Source LLC
Chambersburg PA
CBHW032100220426
43664CB00008B/1081